Cuisiner en bateau
Boat cooking

Textes et photographies
Philippe Asset

SOLAR
EDITIONS

Directrice du développement et des partenariats éditoriaux : Corinne Tran
Directrice éditoriale partenariats éditoriaux : Véronique Chanson
Responsable éditoriale partenariats éditoriaux : Delphine Depras
Responsable commerciale partenariats éditoriaux : Isabelle Labarde

Maquette, mise en page & édition : EliLoCom
Création graphique : Jules Aubriot / EliLoCom
Traduction et correction de la version anglaise : Nicola Harrison-Gautier / EliLoCom
Correction de la version française : Élisabeth Gautier / EliLoCom

Pour la version Solar, ISBN : 978-2-263-18216-7 / 01
Pour la version Eno : 322-4-780-04359-1
Photogravure : Chromostyle
Dépôt légal : mars 2023
Imprimé en Espagne par Macrolibros

Development and Publishing Partnerships Director: Corinne Tran
Editorial and Publishing Partnerships Director: Véronique Chanson
Editorial and Publishing Partnerships Manager: Delphine Depras
Marketing and Publishing Partnerships Manager: Isabelle Labarde

Draft, layout and editing: EliLoCom
Graphic Creation: Jules Aubriot / EliLoCom
English version translation and proofreading: Nicola Harrison-Gautier / EliLoCom
Proofreading of the French version: Elisabeth Gautier / EliLoCom

ISBN Solar book : 978-2-263-18216-7 / 01
ISBN Eno book : 322-4-780-04359-1
Photogravure: Chromostyle
Copyright: March 2023
Printed in Spain by Macrolibros

Sommaire
Table contents

Practical advice

Conseils pratiques

Provisions and ingredients aboard

Avitaillement et ingrédients

Le grand départ

Vous voilà enfin prêt.
Une croisière de 7 jours à 3 équipiers.
Les drisses sont neuves, les batteries bien rechargées et le moteur révisé.
Vous avez installé un combiné four-réchaud sur cardan et une plancha flambant neuve sur le balcon arrière.
Vous avez calculé votre route et comme vous ne mouillerez pas dans les ports, il vous faut prévoir l'essentiel : l'avitaillement.

Les besoins énergétiques en mer sont supérieurs de 30 % aux besoins terrestres. En cause : les manœuvres de pont, le corps toujours en mouvement pour compenser celui du bateau, le soleil éclatant ou le petit crachin insidieux qui vous glace les os.
C'est pour cela qu'une alimentation équilibrée et gourmande est primordiale pour le corps mais aussi pour le bien-être et l'harmonie à bord. D'ailleurs, ne dit-on pas : un sac vide ne tient pas debout !

Vous trouverez dans les pages suivantes la liste de courses idéale pour un périple de 7 jours à 4 adultes.

The big day

You are finally ready.
Your 7-day navigation with 3 crew members.
With brand-new halyards, fully charged batteries and a serviced engine.
The combined boat cooktop-oven and the brand-new griddle are now in place at the pushpit. You have calculated your route, and since you won't be setting anchor in any ports, you must now consider the essentials: the onboard provisions.

Physical energy requirements at sea are 30% higher than those on land. The reasons for this are: the swaying deck; the body is constantly in motion, compensating for that of the boat, the burning sun or the persistent drizzle freezing you to the bone.
This is why, on board, it is of the utmost importance that nutrition be healthy and indulgent, not just for the body, but also for wellbeing and onboard harmony. It was once said, that an empty sack cannot stand straight!

Throughout the following pages, you will find a shopping list for a 7-day trip for 4 adults.

Cela représente 2 chariots pleins qui vous permettront de réaliser la plupart des recettes de l'ouvrage.
Pour une navigation plus longue, 15 jours par exemple, ne multipliez pas tout par deux. Les épices seront suffisantes, les herbes fraîches aussi.

Pensez au poisson et à la viande fumée avec des DLC de 2 à 6 semaines, comme le saumon, le hareng ou les saucisses de Montbéliard sous vide.
Augmentez la proportion de conserves de légumes et de poisson, et du confit de canard qui ont des DLC intéressantes de plusieurs mois.

Vous pouvez aussi préparer à l'avance quelques plats cuisinés, les mettre en bocaux et les stériliser à la maison. Demandez à votre boucher de mettre la viande sous vide par petites quantités et, bien sûr, n'oubliez pas vos lignes pour avoir du poisson bien frais !

This amounts to about 2 full shopping trollies, meaning you will be able to create almost all of the recipes in this book.
For a longer navigation however, 2 weeks for example, no need to buy double of everything. The quantities for the spices and herbs will be sufficient.

Smoked meats and fish are best, with expiry dates of at least 2 to 6 weeks, like salmon, herring or vacuum-packed smoked sausage.
Include increased quantities of tinned vegetables and fish, of duck confit, all with expiry dates of up to several months.

You could even prepare some homemade meals in advance, and put them into sterilized jars at home. You could also ask your butcher to vacuum-pack smaller quantities of meat, and do not forget your fishing rods if you want fresh fish!

Les courses pour 7 jours à 4 équipiers adultes

Eau : 36 bouteilles d'1,5 l d'eau minérale.

Liquides : sirop de grenadine, limonade, eau gazeuse, rhum blanc, vin rosé.

Légumes : 2 kg de courgettes, 2 kg de carottes, 2 kg de fenouil, 8 poivrons, 1 aubergine, 2 concombres, 2 kg de tomates, 8 oignons jaunes, 4 oignons rouges, 6 échalotes, 3 têtes d'ail, 100 g de roquette, 1 salade verte.

Fruits : 12 pommes, 8 bananes, 2 mangues, 1 pastèque, des fruits rouges de saison.

Shopping list for 7 days with 4 crew members

Water: 36 x 1.5 litre bottles of mineral water.

Liquids: grenadine syrup, lemonade, sparkling water, white rum, rosé wine.

Vegetables: 2kg of courgettes, 2kg of carrots, 2kg of fennel, 8 peppers, 1 aubergine, 2 cucumbers, 2kg of tomatoes, 8 onions, 4 red onions, 6 shallots, 3 heads of garlic, 100g of lamb's lettuce, 1 lettuce.

Fruit: 12 apples, 8 bananas, 2 mangoes, 1 watermelon, red fruit only if in season.

Agrumes : 8 citrons jaunes et 8 verts, 8 oranges et 2 pomelos, tous bio.

Pommes de terre : 2,5 kg à chair ferme, 1 kg de grenaille.

Céréales : 500 g de muesli, 500 g de corn-flakes, 500 g de quinoa, 500 g de couscous.

Pâtes : 500 g de spaghetti, 500 g de penne, 250 g de lasagnes, 250 g de nouilles chinoises.

Fromages : 400 g de feta, 300 g de parmesan râpé, 300 g d'emmental râpé, 4 x 125 g de mozzarella, 500 g de ricotta.

Viandes : 1 kg de rumsteak non tranché, 4 blancs de poulet, 1 kg de travers de porc.

Charcuteries : 8 tranches de jambon blanc, 8 de jambon sec, 4 saucisses fumées, 200 g de lardons fumés, 1 chorizo.

Poissons : 200 g d'anchois marinés, 8 maquereaux, 1 kg de dos de cabillaud + votre pêche.

Coquillages et crustacés : 2 kg de moules, 800 g de gambas crues fraîches ou surgelées.

Riz : 1 kg de riz long étuvé, 500 g de riz thaï.

Herbes : basilic, persil, coriandre, aneth, origan, ciboulette, herbes de Provence, thym, laurier, menthe.

Épices et sauces : pâte de curry rouge, paprika, curry, cumin, sel de céleri, cannelle, vanille, piment d'Espelette, graines de sésame, tabasco, sauce soja, ketchup.

Œufs : 4 boîtes de 12 œufs frais.

Produits laitiers : 500 g de beurre demi-sel, 500 g de beurre doux, 4 l de lait, 1 l de crème liquide UHT, 1 l de lait d'amande, 1 kg de fromage blanc, 16 yaourts blancs, 2 x 50 cl de lait de coco, 1 boîte de lait concentré non sucré.

Citrus fruit: 8 lemons, 8 limes, 8 oranges and 2 pomelos, all organic.

Potatoes: 2.5kg of waxy potatoes, 1kg of new potatoes.

Cereal: 500g of muesli, 500g of cornflakes, 500g of quinoa, 500g of couscous.

Pasta: 500g of spaghetti, 500g of penne, 250g of lasagne, 250g of Chinese noodles.

Cheese: 400g of feta, 300g of grated parmesan, 300g of grated Emmental, 4 mozzarellas, 500g of ricotta.

Meat: 1kg of unsliced top sirloin, 4 chicken breasts, 1kg of pork ribs.

Charcuterie: 8 slices of ham, 8 slices of cured ham, 4 smoked sausages, 200g of smoked diced bacon, 1 chorizo.

Fish: 200g of marinated anchovies, 8 mackerel, 1kg of cod fillet + personal fishing.

Seafood: 2kg of mussels, 800g of fresh or frozen tiger prawns.

Rice: 1kg of precooked long rice, 500g of Thai rice.

Herbs: basil, parsley, coriander, dill, oregano, chives, mixed herbs, thyme, bay leaves, mint.

Spices and sauces: red curry paste, paprika, curry, cumin, celery salt, cinnamon, vanilla, Espelette pepper, sesame seeds, Tabasco®, soya sauce, tomato ketchup.

Eggs: 4 boxes of 12 fresh eggs.

Dairy produce: 500g lightly salted butter, 500g of unsalted butter, 4 litres of milk; 1 litre of liquid cream, 1 litre of almond milk, 1kg of soft white cheese, 16 natural yoghurts, 2 x 50cl of coconut milk, 1 carton of unsweetened, concentrated milk.

Conserves : 2 boîtes de maïs, 1 boîte de lentilles, 1 boîte de haricots rouges, 1 boîte de betteraves, 2 boîtes de champignons, 2 boîtes de pois chiches, 1 boîte de carottes, 1 boîte de haricots blancs, 4 boîtes de sardines, 2 grandes boîtes de thon, 4 boîtes de maquereaux, 3 boîtes de pulpe de tomates, 1 boîte de cuisses de canard confites, 1 boîte de gésiers de canard confits, 1 boîte d'abricots au sirop, 2 boîtes d'ananas au sirop.

Huiles, vinaigres et condiments : 1 l d'huile d'olive, 1 l d'huile de tournesol, 1 l de vinaigre blanc, 25 cl de vinaigre de cidre, 25 cl de vinaigre de vin blanc, 25 cl de vinaigre balsamique, 1 kg de gros sel, 200 g de fleur de sel, 200 g de sel fin, poivre du moulin, 1 pot de moutarde forte, 1 bocal de cornichons, 1 grand pot de mayonnaise, 1 bocal de câpres, 1 bocal d'olives noires et 1 d'olives vertes, 2 bocaux de tomates confites, 1 bocal de poivrons marinés, 20 g de paillettes d'algues déshydratées.

Fruits secs : 500 g de pruneaux, 200 g de noisettes, 200 g de cerneaux de noix, 200 g de raisins secs, 200 g de noix de cajou, 100 g d'amandes effilées, 100 g de pignons de pin, 100 g de noix de coco râpée.

Sucres : 500 g de sucre en poudre, 500 g de cassonade, 250 g de miel, 6 sachets de sucre vanillé.

Farine : 2 kg de farine T45, 6 paquets de levure sèche.

Chocolat : 4 tablettes de 200 g de chocolat noir.

Thés : thé vert, thé Earl Grey.

Cafés : 3 x 250 g de café moulu, 100 g de café soluble.

Bien sûr, cette liste n'est pas exhaustive... Je vous conseille de réfléchir à l'avance aux recettes que vous allez réaliser pour faire vos courses en conséquence.
Et je vous souhaite de belles navigations gourmandes !

Tinned produce: 2 tins of sweetcorn, 1 tin of green lentils, 1 tin of red kidney beans, 1 tin of diced beetroot, 2 tins of mushrooms, 2 tins of chickpeas, 1 tin of carrots, 1 tin of white beans, 4 tins of sardines, 2 large tins of tuna, 4 tins of mackerel, 3 tins of chopped tomatoes, 1 tin of duck thighs confit, 1 tin of duck gizzards confit, 1 tin of apricots in syrup, 2 tins of pineapple in syrup.

Oils, vinegars and condiments: 1 litre of olive oil, 1 litre of sunflower oil, 1 litre of white vinegar, 25cl of cider vinegar, 25cl of white wine vinegar, 25cl of balsamic vinegar, 1kg of coarse salt, 200g of fleur de sel, 200g of table salt, pepper mill, 1 jar of strong mustard, 1 jar of gherkins, 1 big jar of mayonnaise, 1 jar of capers, 1 jar of black olives and 1 jar of green olives, 2 jars of dried tomatoes in oil, 1 jar of peppers in oil, 20g of dried seaweed flakes.

Dried fruit: 500g of prunes, 200g of hazelnuts, 200g of walnut kernels, 200g of raisins, 200g of cashew nuts, 100g of flaked almonds, 100g of pine nuts, 100g of grated coconut.

Sugars: 500g of granulated sugar, 500g of soft brown sugar, 250g of honey, 6 sachets of vanilla sugar.

Flour: 2kg of soft 450 flour, 6 sachets of dry yeast.

Chocolate: 4 x 200g bars of dark chocolate.

Tea: green tea, Earl grey.

Coffee: 3 x 250g of ground coffee, 100g of instant coffee.

This list, of course, is not complete... I do advise you to think in advance about which recipes you would like to do, so that your shopping can be done accordingly.
Here's wishing you tasty sailing!

enc

My kitchen organization

J'organise ma cuisine

Sur un bateau, la cuisine est un lieu aussi important que le cockpit ou le carré. C'est un endroit qui doit être convivial, ventilé et bien organisé. Sa disposition est importante. Elle doit permettre de :
· stocker les produits secs,
· conserver les produits frais,
· laver, préparer et cuire en toute sécurité.

On a boat, the kitchen, or galley area, is just as important as the cockpit or the mess. This area must be well organized, ventilated and convivial. The layout of this area is also very important, allowing for:
· the storage of all dry goods,
· correctly storing fresh produce,
· washing, preparing and cooking in total security.

Stockage et conservation

Les produits frais. Ce sont les premiers qu'il faut ranger. De nombreux bateaux sont équipés d'un frigo ou une glacière. La première mauvaise idée serait de tout y mettre en vrac en tassant bien pour refermer la porte ! Mon conseil : placez les aliments périssables dans de grande boîtes hermétiques, par famille, en y notant au marqueur : fromage, viande, poisson… Les boîtes s'empilent et il est simple d'organiser vos menus en notant dessus les dates de péremption.
L'autre avantage est d'éviter aux denrées périssables de se retrouver à moitié congelées au fond d'une glacière…

Les fruits et légumes. Les légumes à consommer dans la semaine sont suspendus dans un filet en mailles de couleur. Prévoyez un second filet pour les fruits, un troisième pour les citrons et les agrumes, un dernier pour les oignons et les échalotes. Tout est bien ventilé, à portée de main et très tendance !

Les produits secs sont stockés dans des boîtes hermétiques en plastique, c'est le cas du riz, du sucre, de la farine, puis mis dans un placard. Pour un grand voyage, les réserves sont rangées dans des bidons étanches placés dans les coffres, avec les packs d'eau et les pommes de terre.

Les boîtes de conserve sont aussi enfermées dans un placard ou un coffre et utilisées plutôt après les produits frais ou en cas de grosse mer.

Les œufs sont stockés après avoir noté au marqueur la DLC sur la coquille.

Les épices restent à portée de main sur de petites étagères, au-dessus du plan de travail.

Storage and shelf life

Fresh produce. These are the first items to be stored away. Many boats are equipped with a fridge or a cool box. The worst thing to do would be to squeeze everything in to it then quickly close the door!
My advice: place the perishable goods by category into large airtight boxes, writing with a marker; cheese, meat, fish…These boxes can then be stacked, and by writing the expiry dates on them makes it easier to organize your menus. The additional advantage is avoiding the likelihood of finding half-frozen perishable goods in the bottom of the cool box…

Fruit and vegetables. The vegetables to be consumed during the week, can be hung up in a coloured mesh bag. Use another mesh bag for the fruit, and then a third for the lemons and citrus fruits, and then a fourth for the shallots and onions. This way everything is nicely aired, very handy and quite stylish!

For the dry produce like rice, sugar and flour. These are stored in airtight plastic containers and placed in a cupboard. For much longer journeys, the food stocks are arranged into waterproof containers and placed into the holds along with the packs of drinking water and the potatoes.

All tinned products are to be placed into a cupboard or hold, and to be used once the fresh produce is finished, or in the event of heavy seas.

The eggs can be put away once the expiry date has been written on the shell.

The spices can be tidied onto the little shelves above the worktop, keeping them handy.

Préparation

Le plan de travail n'est pas une table de jeu ! Même si le bateau est petit, pensez à le dégager pour préparer, laver et couper les aliments.
Pour gagner de la place, des planches peuvent s'encastrer sur l'évier.

Les ustensiles sont rangés dans les placards et les couteaux de cuisine dans un tiroir à ouverture sécurisée. Ne laissez jamais les couteaux traîner après leur utilisation !

Cuisson

Réchaud et four combinés

La plupart de nos bateaux sont équipés a minima d'un réchaud à deux feux au gaz et souvent d'un combiné four et réchaud sur cardan.
Sur le réchaud, on installe impérativement des serre-casseroles, ainsi qu'une barre de protection. Le four permet de se régaler de gratins, de tartes et de pizzas, mais également de faire son pain comme un (presque) vrai boulanger.
Le volume d'un four de bateau étant inférieur à celui d'un four traditionnel, les temps de cuisson sont différents et, par expérience, souvent moins longs. Donc, vérifiez la cuisson avec vos yeux, votre nez et la fonction minuteur de votre portable !

Barbecue et plancha

Depuis quelques années sont apparus sur le marché des barbecues et planchas à gaz, qu'on place sur le pont du bateau, sur un pied ou accrochés aux balcons.
Ils peuvent y rester à demeure même durant la navigation car ils sont fabriqués en inox marin.
Ces appareils sont très intéressants et offrent de nombreux avantages :
· une cuisson rapide et saine sans graisse et sans odeur à l'intérieur du carré,

Preparation

The worktop is by no means a game table! So, even though the boat is quite small, always remember to keep this area clear for food preparation, washing and chopping.
Boards can be fitted into the sink to create more space.

The utensils are tidied into the cupboards and the kitchen knives must be in the draw with a security opening system. Never leave unused knives lying around!

Cooking

Combined cooktops and ovens

The majority of our boats are equipped with at least one small two-burner gas stove and one combined boat cooktop-oven.
It is absolutely necessary to fix pan clamps onto the burners and a security panel at the front.
Having an oven means being able to enjoy, bakes, tarts and pizzas, but also being able to make homemade bread, just like the real thing (almost).
The size of the boat's oven is inferior to that of a traditional oven, so cooking times will of course be different, from experience these also tend to be shorter. Always, check the cooking progression with your eyes, your nose and the timer on your phone!

Barbecue and griddle

Since a few years now, gas barbecues and griddles have arrived on the market, these can be placed on a support on the deck or hooked onto the rails. They can even be left in place during navigation, as they are made from marine stainless steel.
These appliances are very interesting, offering many advantages:

eno

· une cuisson au soleil conviviale avec vos voisins de ponton !
· un entretien facile, sans détergents,
· la possibilité de saisir les viandes à haute température mais aussi de cuire doucement un poisson ou de réchauffer une sauce dans une casserole.

Vous trouverez donc dans ce livre beaucoup de recettes adaptées à la plancha.

Les ustensiles indispensables

En cuisine

Il n'est pas utile d'embarquer une batterie de cuisine complète pour réussir de bons petits plats ! Toutefois, certains ustensiles sont indispensables et doivent rester à demeure dans les placards de votre bateau.

Préférez les moules et casseroles à revêtement antiadhésif, et les autres ustensiles en inox résistant à l'eau de mer :
1 cocotte avec couvercle,
1 poêle,
2 casseroles avec couvercle,
2 plats à gratin,
1 moule à tarte de 24 cm à fond amovible,
1 moule à manqué de 24 cm,
1 moule à cake de 26 cm,
1 passoire,
1 passette fine,
3 saladiers,
1 louche,
1 écumoire,
2 cuillères en bois,
1 planche à découper,
2 couteaux d'office,
1 grand couteau de chef,
1 pierre à aiguiser,
1 rouleau à pâtisserie,

· quick cooking times, healthy and fat-free, and keeping the interior odourless,
· outdoor convivial cooking alongside your quayside neighbours!
· easy to clean without detergents,
· useful for searing meat at a high temperature, as well as the gentler cooking of fish or even to reheat sauce in a pan.

You will find many recipes for griddle cooking in this book.

The essential utensils

In the kitchen

It isn't necessary to bring abord complete set of cookware in order to successfully provide delicious meals! However, certain elements are absolutely necessary and must always be found in your boat's cupboards.

Choose non-stick for cake tins and pans, and stainless steel for the rest of the utensils as it resists very well to the effects of sea water:
1 casserole dish with a lid,
1 frying pan,
2 pans with lids,
2 oven dishes,
1 loose base flan tin, 24cm,
1 cake tin, 24cm,
1 bread tin, 26cm,
1 colander,
1 sleve,
3 large mixing bowls,
1 ladle,
1 slotted spoon,
2 wooden spoons,
1 chopping board,
2 paring knives,
1 large chef's knife,
1 sharpening stone,

1 vase doseur gradué,
1 balance de cuisine digitale,
1 mixeur plongeant,
1 fouet,
1 grande râpe à trous de plusieurs dimensions,
1 zesteur,
2 couteaux économes,
1 ouvre-boîte,
1 presse-citron,
1 paire de ciseaux,
de la ficelle de cuisine,
des feuilles de papier cuisson,
du papier aluminium,
du film étirable,
des boites hermétiques de différentes tailles en verre ou en plastique.

À table !

Je vous conseille des assiettes résistantes en tôle émaillée ou fibre de bambou, légères et colorées. La vaisselle en plastique est à éviter : elle reste souvent grasse, même après nettoyage.

Pour 4 équipiers :
4 sets de table antidérapants,
8 assiettes plates, creuses et à dessert,
4 bols,
8 ramequins,
2 saladiers,
2 dessous de plats.

Des couverts en inox de qualité qui ne rouilleront pas :
6 cuillères, couteaux, fourchettes et cuillères à café, des couverts à salade et 2 cuillères de service.

Des verres incassables ou en pyrex :
8 verres à eau,
8 verres à vin,
8 grands verres à cocktail,
2 carafes à fermeture hermétique.

Sans oublier des piques, des pailles et des serviettes de table !

1 rolling pin,
1 measuring jug,
1 digital kitchen scales,
1 hand-held blender,
1 whisk,
1 grater with varying sized holes,
1 zester,
2 peelers,
1 tin opener,
1 lemon squeezer,
1 pair of scissors,
kitchen twine,
baking paper,
tinfoil,
clingfilm,
various glass or plastic airtight containers.

Let's eat!

For plates that are resistant, lightweight and colourful, I advise using enamelled or bamboo fibre. Avoid plastic, as this tends to stay greasy even after washing.

For 4 crew members:
4 slip-resistant place sets,
8 plates, deep plates and dessert plates,
4 bowls,
8 ramekins,
2 salad bowls,
2 heatproof trivets.

Good quality stainless steel cutlery, that won't rust:
6 spoons, knives, forks and teaspoons, salad spoons and 2 serving spoons.

Unbreakable glasses, or Pyrex glasses:
8 water glasses,
8 wineglasses,
8 tall cocktail glasses,
2 airtight water jugs.

Don't forget the toothpicks, straws and napkins!

Tips and advice

Astuces et conseils

Conservation

Les fruits et légumes

Une évidence : les fruits et légumes très frais se conservent beaucoup plus longtemps. Pour une balade d'une semaine, inutile de les mettre au réfrigérateur. Plus ils sont gros moins ils se flétrissent. Privilégiez les carottes, le fenouil et les courgettes de belle taille. Les tomates et les avocats pas trop mûrs. Placez-les dans des filets. Évitez, toutefois, de stocker les melons, les bananes, les poires et les ananas avec les autres variétés.

Les œufs

Achetez des œufs extra-frais par boîtes de 12 et notez dessus leur DLC au marqueur. Pour les conserver plus longtemps, retournez les boîtes 1 fois par semaine. Vous pouvez aussi enduire les œufs de vaseline ou les tremper dans de la paraffine. Entreposez les boîtes dans un placard mais pas au réfrigérateur.

Les pommes de terre

Les pommes de terre se conservent dans un endroit frais et ventilé, à l'abri de la lumière. Triez-les pour supprimer celles qui sont abîmées, ne les lavez pas et ôtez les germes s'il y en a.

Storage

Fruit and vegetables

Fact: Very fresh fruit and vegetables have a longer shelf life. For a week-long trip, it isn't necessary to place these in the fridge. The bigger they are, the less likely they are to shrivel. Choose larger carrots, fennel and courgettes. Tomatoes and avocados shouldn't be too ripe.
Place all of these in mesh bags: avoid however, placing melons, bananas, pears and pineapple with the other varieties.

Eggs

Buy extra-fresh eggs by the dozen, and write the expiry date on them with a marker. To preserve them a little bit longer, turn the boxes over once a week. You could even coat the eggs in petroleum jelly or dip them into paraffin. Store the boxes of eggs in a cupboard, but not in the fridge.

Potatoes

Potatoes must be stored in a cool, dark, ventilated place. Check them over and remove the damaged ones, do not wash them but do remove any sprouts.

Le fromage

Choisissez des fromages en petit conditionnement et stockez-les au réfrigérateur.
La feta : en barquettes de 200 g, sa DLC avoisine un an et c'est un fromage intéressant pour de nombreuses recettes de salades et de quiches.
Le cheddar : c'est le fromage le plus populaire dans les pays anglo-saxons.
Le parmesan : le roi des fromages, en bloc ou râpé, il est indispensable à bord pour la plupart de vos recettes.
Le comté et l'emmental : râpés et en petits sachets.

N'oubliez pas, bien sûr, les fromages demi-sel en barquette, la ricotta et la mozzarella !

Le riz, les pâtes et les légumes secs

Ils se conservent naturellement très bien au sec et à l'abri du soleil. Transférez-les dans des boîtes transparentes hermétiques et profitez-en pour faire des mélanges gourmands...

Le beurre

Préférez le beurre demi-sel qui se conserve mieux !
Pour qu'il ne rancisse pas, placez-le dans un pot à confiture

Cheese

Choose small quantities and store these in the fridge.
Feta: sealed packet of 200g, the expiry date being near enough one year. This cheese is extremely versatile for recipes like salads and quiches.
Cheddar: very popular cheese in English-speaking countries.
Parmesan: The king of cheeses, as a block or grated, this will be required for most of your recipes.
Comté and Emmental: small packets of grated.

Don't forget of course, sealed packets of the lightly salted cheeses like mozzarella and ricotta!

Rice, pasta and pulses

These can easily be stored in a dark, dry place. Put some of these into airtight containers, and why not mix some together to create your own tasty assortments...

Butter

Choose lightly salted butter as this has a longer shelf life! To avoid it going off, put it into a jar with a little sea

avec un peu d'eau de mer, tassez bien puis recouvrez-le d'eau à ras bord. Refermez le pot et stockez-le au frais.

La viande et le poisson

Viande et poisson crus ne se conservent pas longtemps, 2 à 3 jours maximum... Videz et nettoyez les poissons avant de les emballer dans du film étirable et de les placer à l'endroit le plus froid du réfrigérateur.

Évitez absolument la viande hachée. Choisissez plutôt de gros morceaux que vous couperez au fur et à mesure. Le bœuf se conserve bien mais pas le porc ni l'agneau. Pour les garder plus longtemps, cuisez-les et placez-les dans des boîtes sous vide.

Vous pouvez aussi demander à votre boucher de mettre la viande sous vide ! Dans ce cas, la DLC est d'environ 10 jours au réfrigérateur. Un bon compromis : les saucisses fumées et les viandes confites : magrets, gésiers, confit de canard...

Le pain

Il se conserve comme à la maison, dans un sac en toile à l'abri de l'humidité. Au bout de quelques jours, et avant qu'il ne moisisse, coupez-le en tranches fines et laissez celles-ci sécher au soleil ou 15 min au four à basse température.

Sécurité :

À bord, la cuisine est un lieu convivial mais potentiellement dangereux.

Voici quelques règles simples à suivre :
- ne laissez jamais des couteaux ou autres ustensiles dangereux traîner dans la cuisine,
- équipez votre réchaud de serre-casseroles et d'une barre de protection,
- à la gîte, ne remplissez vos casseroles qu'à mi-hauteur,
- pensez à poser un anneau et une sangle pour vous maintenir quand vos deux mains sont occupées,
- les vannes d'eau doivent être accessibles rapidement,
- placez un extincteur, une couverture antifeu et une trousse de secours à proximité du point de cuisson.

water, press it down firmly then cover to the top with water. Put the lid on and store this in the fridge.

Fresh meat and fish

Raw fish and meat can only be kept for about 2 to 3 days at the most... Gut and clean out the fish, wrap them in cling film and place them in the coldest part of the fridge.

Absolutely avoid minced beef. Instead choose big pieces that you can use as you go along. Beef tends to keep much better than pork or lamb.
You can precook these then put them into vacuum-pack boxes for a longer storage time.

You could even ask your butcher to vacuum-pack the pieces of meat! In which case, the expiry date is about 10 days in the fridge. A clever compromise would be smoked sausages and meat confit; duck breast, gizzards...

Bread

This can be kept exactly the same as at home, in a cloth bag away from moisture. After a few days, and before it starts to go mouldy, cut it into thin slices and leave to dry out in the sun or for 15 minutes at a low temperature in the oven.

Security:

On board, the kitchen is a very convivial place, yet it can also be potentially quite dangerous.

Here are a few simple guidelines:
- never leave knives, or other dangerous utensils, lying around in the kitchen,
- fix pan clamps and a security panel to your stove,
- take the heel into consideration and only fill the pans up half way,
- install a suspended ring and a strap to stabilize yourself when both hands are busy,
- the water taps must always be easily accessible,
- place an extinguisher, a fire blanket and a first aid kit near to the cooking area.

En cuisine

Je cultive mon petit jardin à bord !

Même si les herbes déshydratées sont indispensables à bord, il est toujours plaisant pour les papilles et les pupilles d'avoir à disposition des herbes aromatiques qui restent fraîches. Vous les installerez en hauteur, près des hublots de la cuisine ou du carré, si possible dans des petits pots ou des jardinières à réserve d'eau.

J'économise l'eau douce !

À bord, deux circuits d'eau valent mieux qu'un ! Le premier pour l'eau douce, le second pour l'eau de mer, actionné par une pompe à pied. Vous pourrez laver la vaisselle, rincer les légumes ou nettoyer les surfaces en économisant votre eau potable.

Je cuisine à l'eau de mer, enfin presque !

Pour cuire le riz, les pâtes et les légumes, au large uniquement, vous pouvez utiliser l'eau de mer dans la proportion d'¼ dans ¾ d'eau douce, soit 8 g de sel par litre.

In the kitchen

Create your very own little onboard garden!

Dried herbs are absolutely necessary, but it's always a pleasure for the eyes and the taste buds to have a few fresh herbs on board. These can be placed at a height in small pots or planters with water trays, near to the portholes.

Limit the usage of fresh water!

When out to sea, two water systems are better than one! The first is for fresh water, the second is for sea water which is actioned by a foot pump. This is very economical on the fresh water, as you can wash the dishes, rinse the vegetables, and clean the work surfaces.

Cooking with sea water, well almost!

For things like rice, pasta and vegetables, and only in the open sea, you can use sea water proportioned at ¼ for ¾ of fresh water, the equivalent to 8g of salt per litre.

Les astuces du boulanger !

Ne mettez jamais le sel en contact avec la levure, il empêcherait le pain de lever ! Ajoutez-le lors du second pétrissage.
Pour obtenir un pain avec une belle croûte, versez de l'eau dans la lèchefrite avant de l'enfourner.

Lait végétal ou animal ?

Le lait animal peut être remplacé par du lait de riz, d'amande ou de noisette. La crème liquide également.
Vous pouvez réaliser une chantilly bien ferme en remplaçant la crème par le jus de pois chiches en boîte ! C'est de l'aquafaba.

Je lève les filets d'un maquereau ou d'un poisson rond !

Coupez les nageoires.
Incisez le ventre, de l'orifice anal à la base de la tête.
Videz les organes et rincez.
Incisez avec votre couteau en diagonale derrière la tête.
Tournez le tranchant du couteau à plat vers la queue en longeant l'arête et détachez le filet en tournant légèrement la lame vers le bas.
Placez le poisson sur l'autre flan et répétez l'opération.
Retirez des filets les arêtes restantes.

Baker's tips!

Never allow salt and yeast to come into contact, this will stop the dough from rising. Only include the salt during the second knead. So that your bread has a perfect crust, pour a little water in a roasting tin at the bottom of the oven beforehand.

Plant-based milk or animal milk?

Liquid cream and animal-based milk can be replaced by rice, almond or hazelnut creams or milk.
Instead of using dairy cream, you can make a delicious whipped cream by using the liquid from a tin of chickpeas instead! This is called aquafaba.

Fileting mackerel and other round fish!

Cut off the fins.
Along the abdomen, make an incision from the anal opening along to the base of the head.
Gut the insides and then rinse.
With the knife at a diagonal, slice behind the head.
Turn the blade flat down towards the tail, then run it along the spine and turn the blade slightly downwards to detach the fillet.
Turn the fish over and repeat the same operation.
Remove the fillets and the remaining bones.

Recipes

Recettes

Tex-Mex Bowl

Bowl Tex-Mex

2 saucisses fumées
1 boîte de haricots rouges
1 boîte de maïs
1 oignon rouge
1 tranche de pastèque
50 g de chips de tortilla
4 c. à s. d'huile de colza
3 c. à s.de vinaigre de cidre
3 c. à s.de sauce barbecue
Sel

2 smoked sausages
1 tin of red kidney beans
1 tin of sweetcorn
1 red onion
1 slice of watermelon
50g of tortilla chips
4 tablespoons of rapeseed oil
3 tablespoons of cider vinegar
3 tablespoons of barbecue sauce
Salt

Faites-cuire les saucisses 15 min dans une casserole puis égouttez-les et coupez-les en rondelles.
Rincez et égouttez les haricots rouges et le maïs.
Émincez finement l'oignon et débitez la pastèque en dés.
Émulsionnez l'huile avec la sauce barbecue et le vinaigre.
Versez les ingrédients et la sauce dans un saladier. Mélangez bien, rectifiez l'assaisonnement et ajoutez les chips de tortilla au dernier moment.

Boil the sausages in a saucepan for 15 minutes, drain and then slice.
Rinse and drain both the kidney beans and sweetcorn.
Thinly slice the onion and cut the watermelon into cubes.
Whisk the oil with the barbecue sauce and vinegar to form an emulsion.
Put the ingredients and the sauce into a large bowl and mix well. Season to taste and then add the tortilla chips at the last moment.

Thai prawn salad

Salade thaï

250 g de grosses crevettes cuites et décortiquées
2 carottes
1 concombre
1 boîte de pousses de soja
2 oignons nouveaux
1 citron vert
1 combava
10 g de gingembre
2 c. à s. de coriandre
4 c. à s. d'huile de colza
8 c. à s. de sauce pour nem
1 c. à c. de pâte de curry rouge
Sel et poivre

250g of large, cooked, peeled prawns
2 carrots
1 cucumber
1 tin of beansprouts
2 spring onions
1 lime
1 kaffir lime
10g of ginger
2 tablespoons of coriander
4 tablespoons of rapeseed oil
8 tablespoons of sauce for spring rolls
1 teaspoon red curry paste
Salt and pepper

Épluchez et râpez les légumes.
Rincez les pousses de soja.
Émincez les crevettes en 2 dans la longueur et les oignons en tronçons.
Râpez finement le gingembre et la peau du combava.
Émulsionnez l'huile avec le jus de citron, la pâte de curry et la sauce pour nem.
Salez et poivrez.
Disposez les ingrédients dans 4 grands bols, versez la vinaigrette et mélangez.
Ajoutez la coriandre et les zestes de combava.

Peel and grate the vegetables.
Rinse the beansprouts.
Slice the prawns in half from top to tail, and the onions into segments.
Finely grate the ginger and the kaffir lime peel.
Whisk the oil with the lime juice, the curry paste and the spring roll sauce, to create an emulsion.
Season with salt and pepper.
Share the ingredients between 4 large bowls and mix in the vinaigrette. Add the coriander and the kaffir lime zest.

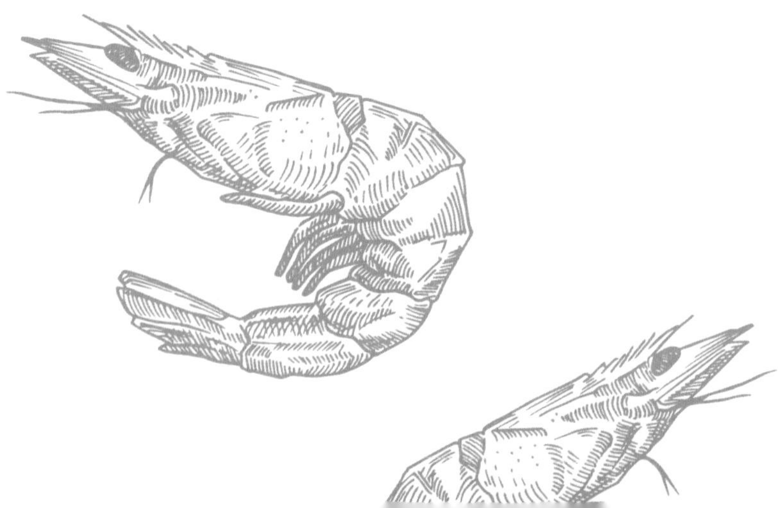

Mechouia salad

Salade méchouia

4 tomates
3 poivrons
4 gousses d'ail
1 oignon
16 olives
4 œufs durs
Le jus d'un citron
1 c. à c. de cumin
3 c. à s. de persil ciselé
4 c. à s. d'huile d'olive
Sel et poivre

4 tomatoes
3 red peppers
4 cloves of garlic
1 onion
16 olives
4 hard-boiled eggs
The juice from 1 lemon
1 teaspoon of cumin
3 tablespoons of finely chopped parsley
4 tablespoons of olive oil
Salt and pepper

Faites griller les poivrons et les gousses d'ail à la plancha.
Retirez les graines des tomates et des poivrons, et coupez-les en dés.
Ajoutez l'oignon ciselé et les œufs durs coupés en tranches.
Mélangez puis ajoutez le persil et les olives coupés en dés.
Écrasez les gousses d'ail dans un bol pour obtenir une purée. Versez l'huile, le jus de citron et le cumin en poudre. Salez, poivrez et émulsionnez le tout.
Versez la vinaigrette sur la salade et servez avec des tranches de pain à la semoule.

Grill the peppers and garlic on the griddle.
Remove the seeds from the tomatoes and the peppers, then chop into cubes.
Add the finely chopped onion and the sliced eggs.
Combine these together then add the parsley and diced olives.
Crush the garlic into a bowl to obtain a puree. Include the oil, lemon juice and powdered cumin. Season with salt and pepper then whisk to make an emulsion.
Drizzle the vinaigrette over the salad and serve with slices of Moroccan semolina bread.

Cretan salad with sea bread

Salade crétoise au pain de mer

100 g de pain rassis
300 g de feta grecque
2 poivrons
4 tomates
1 oignon rouge
8 c. à s. de câpres
12 olives noires
Le jus d'un citron
8 c. à s. d'huile d'olive
1 gousse d'ail écrasée
1 c. à c. d'herbes de Provence
Sel et poivre

100g of stale/dry bread
300g of Greek feta cheese
2 red peppers
4 tomatoes
1 red onion
8 tablespoons of capers
12 black olives
The juice from 1 lemon
8 tablespoons of olive oil
1 crushed clove of garlic
1 teaspoon of mixed herbs
Salt and pepper

Préparez la vinaigrette en émulsionnant l'huile, le jus de citron, l'ail, le sel et le poivre.
Coupez le pain en gros croûtons.
Versez-les dans 4 assiettes creuses avec la moitié de la vinaigrette.
Disposez par-dessus les tomates coupées en dés, les poivrons et l'oignon en fines lamelles.
Ajoutez les olives, les câpres et un beau morceau de feta par assiette.
Salez, poivrez et saupoudrez de quelques herbes de Provence.

For the vinaigrette, whisk together the oil, lemon juice, garlic, salt and pepper to create an emulsion.
Cut the bread into large croutons.
Share the croutons, and half of the vinaigrette, between 4 deep plates.
Top with the cubed tomatoes and thinly sliced peppers and onion.
Add the olives, capers and a large piece of feta for each plate.
Season with salt and pepper and a sprinkle of mixed herbs.

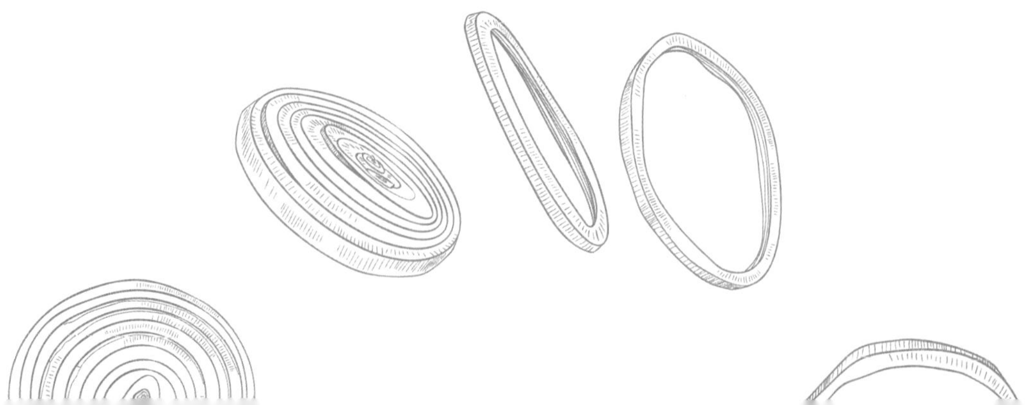

eno
MANUFACTURE

Japanese style rice with mackerel

Riz au maquereau
à la japonaise

15 — 25 — 4

250 g de riz à sushi
4 filets de maquereaux
½ concombre
10 c. à s. de vinaigre de riz
2 c. à c.de sucre
15 g de gingembre râpé.
2 c. à s. de sésame noir
Sauce soja
Sel

250g of sushi rice
4 mackerel fillets
½ cucumber
10 tablespoons of rice vinegar
2 teaspoons of sugar
15g of grated ginger
2 tablespoons of black sesame seeds
Soya sauce
Salt

Mélangez 5 c. à s. de vinaigre et une c. à s. de sauce soja. Laissez-y mariner les filets de maquereau coupés en tronçons 2 h au froid.
Faites-cuire le riz 10 min dans une casserole avec 35 cl d'eau. Éteignez le feu et laissez refroidir 15 min.
Mélangez 5 c. à s. de vinaigre et 1 c. à c. de sucre, salez, ajoutez le gingembre et versez la vinaigrette dans le riz.
Coupez le concombre en fines tranches.
Servez le riz avec les maquereaux et le concombre. Saupoudrez de sésame et servez avec la sauce soja et une salade d'algues

Marinate the thickly sliced mackerel fillets in 5 tablespoons of vinegar and one tablespoon of soya sauce for 2 hours in the fridge.
Cook the rice in a saucepan in 35cl of water for 10 minutes. Remove from the heat and leave it to cool for 15 minutes.
Mix together 5 tablespoons of vinegar and 1 teaspoon of sugar, season with salt, add the ginger then pour this over the rice.
Thinly slice the cucumber.
Serve the rice with the mackerel and the cucumber. Sprinkle with the sesame seeds, accompanied with the soya sauce and a seaweed salad.

New York style potato salad

Salade de pommes de terre NY'style

20 · 20 · 4

800 g de pommes de terre à chair ferme
1 oignon
1 carotte
2 filets de poulet fumé
6 gros cornichons doux
6 c. à s. de mayonnaise
3 c. à s. de vinaigre blanc
2 c. à s. d'huile de colza
3 c. à s. d'eau
2 c. à c. de sucre
Sel et poivre

800g of firm potatoes
1 onion
1 carrot
2 smoked chicken fillets
6 large sweet gherkins
6 tablespoons of mayonnaise
3 tablespoons of white vinegar
2 tablespoons of rapeseed oil
3 tablespoons of water
2 teaspoons of sugar
Salt and pepper

Faites cuire les pommes de terre 20 min avec leur peau. Laissez-les refroidir, épluchez-les et coupez-les en rondelles.
Râpez la carotte et l'oignon.
Coupez le poulet et les cornichons.
Versez le tout dans un grand saladier.
Préparez la sauce en mélangeant le vinaigre avec l'eau et le sucre. Ajoutez la mayonnaise puis l'huile en fouettant bien.
Salez et poivrez au moulin.
Versez la sauce et mélangez bien pour imbiber les ingrédients.

Cook the potatoes in their skins for 20 minutes. Leave to cool, then peel and cut them into slices.
Grate the carrot and the onion.
Chop the chicken and the gherkins.
Put everything into a large bowl.
For the sauce, mix together the vinegar, water and sugar, then whisk in the mayonnaise and the oil.
Add salt and ground pepper.
Pour the sauce over the other ingredients, mixing carefully.

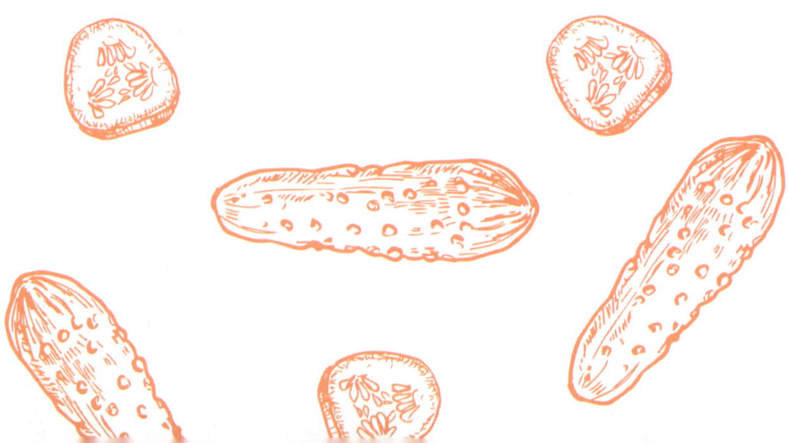

Bollywood salad

Salade Bollywood

250 g de lentilles
1 mangue
1 oignon rouge
50 g de noix de cajou
1 citron vert
2 yaourts blancs
2 c. à c. de curry
1 c. à s. de gingembre en poudre
2 c. à s. d'huile
Sel et poivre

250g of lentils
1 mango
1 red onion
50g of cashew nuts
1 lime
2 natural yoghurts
2 teaspoons of curry
1 tablespoon of powdered ginger
2 tablespoons of oil
Salt and pepper

Faites-cuire les lentilles 20 min dans une casserole d'eau bouillante avec 1 c. à s. de gingembre puis égouttez-les.
Épluchez et coupez la mangue en dés et l'oignon en fines rondelles.
Torréfiez les noix de cajou 1 min dans une poêle.
Versez le tout dans un saladier.
Préparez la sauce en mélangeant les yaourts avec le jus de citron vert, l'huile et le curry.
Salez, poivrez et émulsionnez la sauce.
Versez-la sur la salade et ajoutez la coriandre ciselée.

Cook the lentils with 1 tablespoon of ginger, in a pan of boiling water for 20 minutes then drain.
Peel and dice the mango, and thinly slice the onion.
Toast the cashew nuts in a pan for about 1 minute.
Place all of these ingredients into a large bowl.
For the sauce, mix together the yoghurt, the lime juice, the oil and the curry.
Season with salt and pepper, then whisk the sauce to form an emulsion.
Pour this over the salad and sprinkle with finely chopped coriander.

Maori poke bowl

Poké bowl Maori

400 g de thon frais
2 carottes
1 concombre
1 radis noir
1 oignon rouge
1 salade
4 œufs durs
4 citrons verts
2 c. à s. de ciboulette
4 c. à s. de sauce soja sucrée
Noix de coco en poudre
2 c. à s. d'huile
20 cl de lait de coco
Sel et poivre

400g of fresh raw tuna
2 carrots
1 cucumber
1 black radish
1 red onion
1 lettuce
4 hard-boiled eggs
4 limes
2 tablespoons of chives
4 tablespoons of sweet soya sauce
Powdered coconut
2 tablespoons of oil
20cl of coconut milk
Salt and pepper

Faites mariner 1 h le thon en lamelles dans le jus de 3 citrons verts, salez et poivrez.
Versez la sauce soja sur les œufs durs.
Émulsionnez l'huile, le lait de coco, le jus d'un citron vert, le sel et le poivre.
Épluchez et râpez les légumes.
Émincez la salade et l'oignon.
Disposez les ingrédients dans 4 grands bols, ajoutez le thon, les œufs coupés en 2 et la vinaigrette. Saupoudrez de noix de coco et de ciboulette, et servez bien frais.

Cut the tuna into thin slices and marinate in the juice from the 3 limes, for 1 hour, adding a little salt and pepper.
Pour the soya sauce over the hard-boiled eggs.
Whisk together the oil, the coconut milk, the juice from 1 lime and salt and pepper, to form an emulsion.
Peel and grate the vegetables.
Thinly slice the salad and the onion.
Share all of the ingredients between 4 large bowls, add the tuna, the halved eggs, then the vinaigrette.
Sprinkle with chives and powdered coconut, serve immediately.

Vegetarian samosa

Samoussas végétariens

6 feuilles de brick
1 carotte
½ courgette
1 oignon
2 c. à s. d'huile
1 c. à c. de curry
Sel et poivre

6 sheets of filo pastry
1 carrot
½ courgette
1 onion
2 tablespoons of oil
1 teaspoon of curry
Salt and pepper

Coupez les légumes en tout petits dés. Faites-les revenir 5 min dans une poêle avec 1 c. à s. d'huile et une pointe de curry. Salez et poivrez.
Coupez chaque feuille de brick en 4 bandes. Déposez un peu de farce en bas d'une bande puis repliez plusieurs fois en triangle jusqu'en haut de la bande. Rentrez la petite languette restante dans un pli pour faire tenir le samoussa.

Finely dice up the vegetables, and with 1 teaspoon of oil and a pinch of curry, fry them in a pan for about 5 minutes. Season with salt and pepper.
Cut each sheet of filo into 4 strips. Place a small amount of the cooked vegetables at the bottom of a strip of filo, then fold over and over into triangles, until the end. Gently tuck the remaining filo into the fold to hold the samosa together.
Continue using the same technique for the rest of the ingredients, making about 24 in all.
Place the samosas onto an oven tray and brush each one with a little oil. Place them in a hot oven for about 12 minutes, until they are golden brown, watching them carefully.

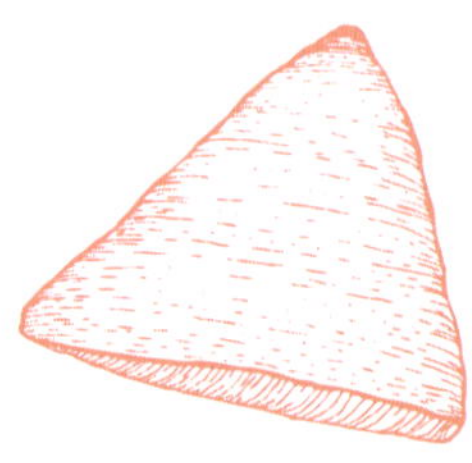

Fritto misto

Fritto misto

800 g de fruits de mer
et petits poissons crus
(grosses crevettes, éperlans,
sardines, petits calamars…)
120 g de farine
2 c. à s. d'huile d'olive
2 œufs
15 cl de bière blonde
50 cl d'huile pour friture
2 citrons
Sel et poivre

**800g of mixed seafood
and small raw fish
(tiger prawns, smelt,
sardines, small squid) …
120g of flour
2 tablespoons of olive oil
2 eggs
15cl of light beer
50cl of oil for frying
2 lemons
Salt and pepper**

Versez la farine dans un saladier, salez et poivrez. Ajoutez l'huile d'olive et les œufs battus.
Versez la bière petit à petit pour obtenir une pâte homogène.
Couvrez et laissez reposer 1 h environ.
Faites chauffer l'huile de friture dans une sauteuse.
Épongez les ingrédients, plongez-les dans la pâte puis faites-les dorer dans l'huile en plusieurs groupes, 3 min environ.
Déposez-les sur du papier absorbant et dégustez aussitôt avec des quartiers de citron.

**Put the flour into a large bowl and season with salt and pepper.
Add the oil and the beaten eggs.
Little by little pour in the beer, mixing to obtain a smooth batter.
Cover this and leave it to one side for about 1 hour.
Heat up the oil in a frying pan.
Dry off the ingredients before dipping them into the batter, and fry them in several batches, for about 3 minutes or until golden brown.
Drain them on some kitchen paper and serve immediately with lemon quarters.**

Tzatziki

Tzatziki

400 g de yaourt grec épais
1 concombre
2 gousses d'ail
Le jus d'un citron
2 c. à s. d'huile d'olive
2 c. à s. d'aneth ciselé
Sel et poivre

400g of thick Greek yoghurt
1 cucumber
2 cloves of garlic
The juice from 1 lemon
2 tablespoons of olive oil
2 tablespoons of finely chopped dill
Salt and pepper

Écrasez les gousses d'ail.
Lavez le concombre et râpez-le sans l'éplucher.
Déposez la chair dans un torchon et pressez pour retirer le maximum de jus.
Versez le yaourt égoutté dans un bol.
Ajoutez le concombre râpé, l'aneth, l'ail, l'huile d'olive et le jus de citron en mélangeant bien. Salez et poivrez.
Placez le bol au froid 60 min.
Servez à l'apéritif avec des bâtonnets de légume, des gressins ou simplement des tartines de pain.

Crush the garlic.
With the skin intact, wash then grate the cucumber.
Spoon this into a tea towel and squeeze out as much of the juice as possible.
Drain the yoghurt and pour into a bowl.
Carefully mix in the grated cucumber, the dill, the garlic, olive oil and lemon juice.
Season with salt and pepper.
Place this into the fridge for 60 minutes.
This can then be served as a dip for vegetable sticks, grissini or simply spread onto bread.

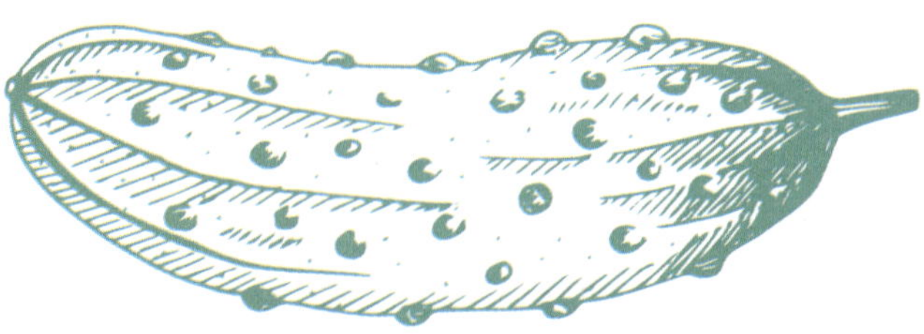

Fish Accras

Acras de poisson

400 g de poisson blanc
2 gousses d'ail
1 citron vert
1 oignon
200 g de farine
1 sachet de levure chimique
2 œufs
1 petit piment ou 1 c. à c. de Tabasco
Sel et poivre

400g of white fish
2 cloves of garlic
1 lime
1 onion
200g of flour
1 measure of baking powder
2 eggs
1 small chilli pepper or 1 teaspoon of Tabasco® sauce
Salt and pepper

Faites cuire le poisson 10 min au court-bouillon. Égouttez et émiettez-le.
Écrasez les gousses d'ail et râpez l'oignon.
Ciselez un bout de piment et le persil.
Zestez le citron.
Mélangez le tout, salez et poivrez.
Incorporez la farine et la levure dans un saladier puis ajoutez les œufs.
Mélangez en versant 10 cl d'eau.
Ajoutez la pâte de poisson et mélangez de nouveau.
Formez des petites boules de pâte et faites-les dorer 4 min environ dans de l'huile bien chaude.
Déposez-les sur du papier absorbant et servez bien chaud.

Cook the fish in a court bouillon for 10 minutes. Drain then flake the fish.
Crush the garlic and grate the onion.
Finely chop a piece of chilli pepper and parsley, add the lime zest.
Mix these ingredients together and season with salt and pepper.
In another bowl, stir the baking powder into the flour then add the eggs. Continue to mix while adding 10cl of water.
Now incorporate the fish paste made earlier, stirring carefully.
Create small balls of the mixture and fry them in hot oil until they are golden brown, or for about 4 minutes.
Drain them on some kitchen paper and serve hot.

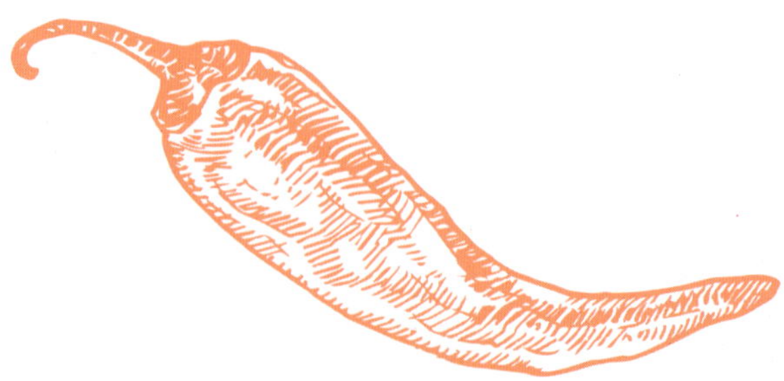

SRIRACHA SAUCE
GO·TAN
HOT CHILLI
SAUCE

Sardine rillettes

Compotée de sardines

10 4

2 boîtes de sardines
à l'huile d'olive
150 g de fromage frais demi-sel
1 c. à c. de moutarde
1 c. à s. d'estragon ciselé
1 citron bio
Sel et poivre

2 tins of sardines in olive oil
150g of slightly salted, soft white cheese
1 teaspoon of mustard
1 tablespoon of finely chopped tarragon
1 organic lemon
Salt and pepper

Zestez la peau du citron.
Retirez les arêtes des sardines puis écrasez-les dans un bol avec une fourchette.
Incorporez le fromage demi-sel, la moutarde, l'estragon et les zestes de citron.
Salez, poivrez et placez la compotée au réfrigérateur.
Servez bien frais avec des gressins ou des mouillettes de pain grillé.

Recuperate the zest from the lemon.
Remove the bones from the sardines then in a bowl finely flake with a fork.
Incorporate the slightly salted soft cheese, the mustard, the tarragon and lemon zest.
Season with salt and pepper and place in the fridge.
Serve very cold with grissini or toasted bread fingers.

Houmous with crystallized lemon

Houmous au citron confit

2 boîtes de pois chiches (800 g)
3 gousses d'ail
Le jus d'un citron
½ citron confit
10 c. à s. d'huile d'olive
2 c. à s. de crème de sésame (tahini)
1 c. à c. de cumin en poudre
Sel et poivre

2 tins of chickpeas (800g)
3 cloves of garlic
The juice from 1 lemon
½ of a crystallized lemon
10 tablespoons of olive oil
2 tablespoons of creamed sesame seeds (tahini)
1 teaspoon of powdered cumin
Salt and pepper

Égouttez et rincez les pois chiches.
Versez-les dans le bol d'un mixeur avec l'ail, le jus de citron et l'huile d'olive.
Ajoutez le sel, le poivre et le cumin.
Mixez une minute, puis ajoutez le ½ citron confit et le tahini (facultatif).
Continuez à mixer jusqu'à l'obtention d'une texture très fine.
Placez au froid et servez avec des gressins ou des galettes de semoule.

Drain and rinse the chickpeas.
Using a blender, blend together the chickpeas, the garlic, the lemon juice and olive oil.
Season with salt, pepper and cumin.
Blend again for about 1 minute, then add the crystallized lemon and the tahini (if required).
Continue to blend until a light, smooth texture is obtained.
Keep in a cold place, and serve with grissini or semolina cakes.

Griddled vegetables

Légumes à la plancha

10 11 4

2 poivrons
2 tomates
1 fenouil
1 courgette
1 oignon
Huile d'olive
Herbes de Provence
Sel et poivre

2 red peppers
2 tomatoes
1 fennel
1 courgette
1 onion
Olive oil
Mixed herbs
Salt and pepper

Préchauffez la plancha à mi-puissance.
Coupez les légumes : les tomates en 2, les oignons et les courgettes en rondelles de 1 cm.
Débitez les poivrons en 8 quartiers, et le fenouil en lamelles après avoir retiré la partie dure de la base.
Salez, poivrez et saupoudrez les légumes d'herbes de Provence, puis versez par-dessus un filet d'huile.
Faites-les cuire à la plancha en les retournant souvent : les poivrons 11 min, le fenouil 8 min sous cloche, les courgettes 7 min, les oignons 4 min et les tomates 3 min.
Dégustez-les aussitôt ou conservez-les dans de l'huile d'olive...

Preheat the griddle on a medium heat.
For the vegetables; halve the tomatoes, slice the onions and the courgettes to about 1cm thick.
Divide the peppers into 8 quarters, remove the hard root part from the fennel before slicing into strips.
Season the vegetables with salt and pepper as well as a sprinkle of mixed herbs, then drizzle over some olive oil.
Cook on the griddle turning often; peppers for about 11 minutes, the fennel must be covered for about 8 minutes, the courgettes about 7 minutes, the onions about 4 minutes, and 3 minutes for the tomatoes.
Serve immediately or preserve them in olive oil ...

Mackerel rillettes

Rillettes de maquereau

4 maquereaux levés en filets
200 g de fromage frais demi-sel
1 échalote
1 oignon nouveau
20 g de gingembre frais
1 combava
30 cl de vin blanc
Sel et poivre

4 mackerel (filleted)
200g of slightly salted, soft white cheese
1 shallot
1 spring onion
20g of fresh ginger
1 kaffir lime
30cl of white wine
Salt and pepper

Faites cuire les filets de maquereau 10 min à feu doux dans une casserole, avec le vin blanc et 50 cl d'eau salée.
Râpez le gingembre et zestez le combava.
Ciselez finement l'échalote et l'oignon nouveau.
Laissez refroidir les filets puis retirez leur peau.
Écrasez-les avec une fourchette en ajoutant le fromage demi-sel et les autres ingrédients. Travaillez le mélange pour obtenir une texture légère. Salez et poivrez.
Placez les rillettes au froid puis servez avec des galettes à la plancha.

Place the mackerel fillets into a pan with the white wine and 50cl of salted water, and cook on a low heat for 10 minutes.
Recuperate the zest from the kaffir lime and grate the ginger.
Finely chop the shallot and spring onion.
Once the fillets have cooled down, remove the skin.
Finely flake off the fillets with a fork and mix with the soft cheese along with the other ingredients. Continue to work the mixture to obtain a smooth, light texture. Season with salt and pepper.
Keep the rillettes refrigerated, then serve with griddled pancakes.

PRADEL

1,5 l d'eau minérale
3 citrons
3 c. à s. de sucre de canne en poudre
3 brins de menthe

1.5 litres of mineral water
3 lemons
3 tablespoons of granulated cane sugar
3 sprigs of fresh mint

Citronnade à la menthe

Lavez et pressez les citrons.
Versez leur jus dans une casserole puis ajoutez le sucre et 20 cl d'eau.
Portez le mélange à ébullition et laissez tiédir.
Versez le tout dans une carafe en ajoutant la menthe et l'eau restante.
Réfrigérez et servez bien frais avec des glaçons.

Lemon and mint drink

Wash and squeeze the lemons.
Pour the juice into a pan and add the sugar as well as 20cl of water.
Bring this to the boil then leave it to cool.
Then pour this into a carafe, adding the mint and the rest of the water.
Place in the fridge, and serve very cold with ice.

½ pastèque bien mûre
25 cl d'eau minérale
Le jus de 2 citrons verts
20 feuilles de menthe

½ of a very ripe watermelon
25cl of mineral water
The juice from 2 limes
20 fresh mint leaves

Jus de pastèque
avec menthe et citron vert

Découpez la pastèque en cubes après avoir retiré les pépins.
Mixez-la en ajoutant l'eau, le jus de citron vert et les feuilles de menthe.
Placez le jus de pastèque au réfrigérateur et servez avec des glaçons.

Watermelon juice
with mint and lime

Remove the seeds from the watermelon and cut into cubes.
Blend, adding the water, the lime juice and the mint leaves.
Place this in the fridge and serve with ice.

2 sachets de rooibos
1,5 l d'eau minérale
1 citron
½ c. à c. de gingembre
2 c. à s. de sucre de canne en poudre

2 rooibos teabags
1.5 litres of mineral water
1 lemon
½ teaspoon of ginger
2 tablespoons of granulated cane sugar

Thé glacé au rooibos, citron et gingembre

Portez l'eau à ébullition dans une casserole puis éteignez le feu.
Laissez-y infuser 10 min les sachets de rooibos, les tranches de citron, le gingembre et le sucre.
Versez le tout dans une carafe en retirant les sachets et servez bien glacé.

Rooibos, lemon and ginger iced tea

In a pan, bring the water to the boil then turn off the heat.
Add the rooibos, sliced lemon, the ginger and the sugar. Leave this to infuse for 10 minutes.
Remove the teabags and pour into a carafe, serve very cold.

8 c. à c. de café soluble
8 c. à c. de sucre en poudre
80 cl d'eau froide

8 teaspoons of instant coffee
8 teaspoons of granulated sugar
80cl of cold water

Café frappé grec

Versez 2 cm d'eau froide dans le fond d'un shaker. Ajoutez le café soluble et le sucre si besoin.
Agitez le shaker pour que le café devienne mousseux.
Ajoutez le reste d'eau et quelques glaçons, puis servez aussitôt dans un grand verre.

Greek iced coffee

Pour 2cm of cold water into a shaker.
Add the instant coffee, and sugar if required.
Vigorously shake the shaker until the coffee becomes frothy.
Add the rest of the water and a few ice cubes, pour into a large glass and serve immediately.

15 — 24h — 4

Gnamacoudji

Gnamacoudji

1,5 l d'eau minérale
200 g de gingembre frais
1 citron non traité
200 g de sucre en poudre
1 sachet de sucre vanillé
2 brins de menthe

1.5l of mineral water
200g of fresh ginger
1 untreated lemon
200g of granulated sugar
1 sachet of vanilla sugar
2 sprigs of fresh mint

Épluchez et râpez le gingembre au-dessus d'un saladier.
Versez l'eau en mélangeant bien, puis ajoutez le citron coupé en morceaux.
Laissez macérer 1 h à température ambiante.
Retirez le citron et filtrez le jus à l'aide d'une petite passoire.
Ajoutez les deux sucres et versez le tout dans une bouteille en ajoutant les feuilles de menthe. Secouez énergiquement et laissez reposer 24 h au réfrigérateur.

Peel the ginger and grate it over a large bowl. Pour in the water and mix well, then add the lemon cut into pieces.
Leave this to soak for 1 hour at room temperature.
Remove the lemon and filter the juice using a small sieve.
Add both types of sugar and pour the whole thing into a bottle, adding the fresh mint leaves. Vigorously shake the bottle and leave it for 24 hours in the fridge.

5 — 4

Smoothie banane et citron vert

Banana and lime smoothie

50 cl de lait de coco
25 cl d'eau minérale
2 bananes bien mûres
Le jus de 2 citrons verts

50cl of coconut milk
25cl of mineral water
2 very ripe bananas
The juice from 2 limes

Mixez le lait de coco avec l'eau, les bananes et le jus de citron vert.
Versez aussitôt dans des verres remplis si possible de glace pilée.

Blend the coconut milk with the water, the bananas and the lime juice.
Immediately serve into glasses, prefilled with crushed ice.

25 cl de rhum blanc
8 c. à c. de sucre en poudre
2 citrons verts
40 cl d'eau gazeuse
40 feuilles de menthe

25cl of white rum
8 teaspoons of granulated sugar
2 limes
40cl of sparkling water
40 fresh mint leaves

Mojito

Pressez le jus d'½ citron dans un grand verre.
Ajoutez 2 c. à c. de sucre et 10 feuilles de menthe.
Pilez légèrement puis versez 6 cl de rhum, 10 cl d'eau gazeuse et de la glace pilée.
Servez aussitôt avec une paille.
Et pour la version Virgin, oubliez le rhum !

Mojito

Squeeze the jus from half a lime into a large glass.
Add 2 teaspoons of sugar and 10 mint leaves.
Slightly crush the mint then add 6cl of rum, 10cl of sparkling water and the crushed ice.
Serve immediately with a straw.
For the virgin version, forget the rum!

1 l d'eau gazeuse
50 cl de vin rosé
10 cl de jus de citron
2 oranges
2 pommes
1 poire
1 pomelo
2 c. à s. de sucre en poudre
3 c. à s. de grenadine
1 bâton de cannelle

1 litre of sparkling water
50cl of rosé wine
10cl of lemon juice
2 oranges
2 apples
1 pear
1 pomelo
2 tablespoons of granulated sugar
3 tablespoons of grenadine syrup
1 cinnamon stick

Sangria light

Lavez et coupez les fruits en morceaux, les oranges et le pomelo en fines tranches.
Versez le vin rosé et l'eau gazeuse dans un saladier. Ajoutez le sucre, le jus de citron, la grenadine et la cannelle.
Mélangez bien puis ajoutez les fruits.
Couvrez d'un film étirable et laissez reposer 4 h au réfrigérateur.

Light sangria

Wash and cut the fruit into pieces, and the orange and the pomelo into thin slices.
Pour the rosé wine and sparkling water into a large bowl. Add the sugar, the lemon juice, the grenadine and cinnamon.
Mix well and then add the fruit.
Cover with cling film and leave to stand for 4 hours in the fridge.

Tomato and Boursin® clafoutis

Clafoutis tomate - Boursin®

4 tomates
150 g de Boursin® ail
et fines herbes
3 œufs
5 cl de lait
20 cl de crème liquide
3 c. à s. de fécule de maïs
10 g de beurre
Sel et poivre

4 tomatoes
150g of Boursin® garlic
and fine herbs
3 eggs
5cl of milk
20cl of liquid cream
3 tablespoons of cornflour
10g of butter
Salt and pepper

Préchauffez le four à pleine puissance.
Délayez la fécule de maïs dans le lait froid puis ajoutez la crème liquide.
Mélangez avec les œufs battus et le Boursin®.
Salez et poivrez.
Coupez les tomates en gros dés en retirant le jus et la peau, puis répartissez-les dans un plat à gratin beurré.
Versez la pâte dessus, enfournez et laissez cuire 25 min.

Preheat the oven on the hottest setting.
Carefully mix the cornflour into the cold milk, then include the liquid cream.
Mix this with the beaten eggs and the Boursin. Season with salt and pepper.
Remove the skin and the juice from the tomatoes and cut into large cubes, spoon into a buttered oven dish.
Pour over the mixture, oven cook for 25 minutes.

Bacon and prune savoury cake

Cake aux pruneaux et aux lardons

250 g de farine avec levure incorporée
4 œufs
12 cl d'huile de colza
12 cl de lait
150 g de lardons
120 g de pruneaux dénoyautés
100 g d'emmental râpé
½ c. à c. de piment d'Espelette
Sel

250g of self-raising flour
4 eggs
12cl of rapeseed oil
12cl of milk
150g of diced bacon
120g pitted prunes
100g grated Emmental cheese
½ teaspoon of Espelette chilli pepper
Salt

Préchauffez le four à mi-chaleur.
Faites dorer les lardons 5 min dans une poêle.
Fouettez les œufs et la farine dans un saladier.
Incorporez l'huile et le lait chaud petit à petit.
Ajoutez le fromage râpé, les lardons et les pruneaux coupés en morceaux.
Salez et ajoutez le piment d'Espelette.
Versez la pâte dans un à moule à cake antiadhésif et enfournez 35 à 40 min en recouvrant le moule de papier aluminium au bout de 30 min.
Laissez tiédir le cake avant de le démouler.

Preheat the oven to a medium temperature.
Brown the bacon in a frying pan, for about 5 minutes.
In a large bowl, whisk the eggs into the flour.
Incorporate the oil, and little by little the warmed milk.
Add the chopped prunes, the grated cheese and the diced bacon.
Season with salt and pepper then add the Espelette chilli pepper.
Pour the mixture into a non-stick cake tin, and cook in the oven for 35 to 40 minutes, being sure to cover with foil after 30 minutes.
Allow the cake to cool before removing from the tin.

Savoury tuna cake

Cake au thon

250 g de farine
avec levure incorporée
4 œufs
12 cl d'huile d'olive
12 cl de lait
1 boîte de thon
100 g de tomates confites
1 gousse d'ail
200 g de feta en dés
80 g d'olives noires
1 c. à s. d'herbes de Provence
Sel et poivre

250g of self-raising flour
4 eggs
12cl of olive oil
12cl of milk
1 tin of tuna
100g of sun-dried tomatoes
1 clove of garlic
200g of diced feta cheese
80g of black olives
1 tablespoon of mixed herbs
Salt and pepper

Préchauffez le four à mi-chaleur.
Ciselez les tomates confites et écrasez la gousse d'ail.
Fouettez les œufs et la farine dans un saladier.
Incorporez l'huile et le lait chaud petit à petit.
Ajoutez la feta, le thon égoutté, l'ail, les tomates, les olives et les herbes.
Salez et poivrez.
Versez la pâte dans un moule antiadhésif et enfournez 35 à 40 min en recouvrant le moule de papier aluminium au bout de 30 min.
Laissez tiédir le cake avant de le démouler.

Preheat the oven to a medium heat.
Finely chop the tomatoes and crush the garlic.
In a large bowl, whisk the eggs into the flour.
Incorporate the oil, and little by little the warmed milk.
Add the feta, the drained tuna, the garlic, the tomatoes, the olives and mixed herbs.
Season with salt and pepper.
Pour the mixture into a non-stick cake tin, and cook in the oven for 35 to 40 minutes, being sure to cover with foil after 30 minutes.
Allow the cake to cool before removing from the tin.

Mussels quiche

Quiche aux moules

250 g de farine
4 œufs
125 g de beurre
2 à 3 c. à s. d'eau
1 kg de moules
400 g de ricotta
50 g de parmesan
1 c. à s. d'herbes de Provence
Sel et poivre

250g of flour
4 eggs
125g of butter
2 to 3 tablespoons of water
1kg of mussels
400g of ricotta cheese
50g of parmesan
1 tablespoon of mixed herbs
Salt and pepper

Mélangez le beurre en morceaux avec la farine et une pincée de sel. Ajoutez 1 jaune d'œuf puis l'eau pour former une boule. Écrasez-la avec la main puis reformez une boule et laissez 2 h au frais.
Mettez les moules sur feu vif juste le temps qu'elles s'ouvrent, puis décoquillez-les.
Étalez la pâte et garnissez-en un moule à tarte.
Mélangez la ricotta et 3 œufs battus avec les ¾ des moules égouttées et le parmesan. Salez et poivrez.
Versez ce mélange sur le fond de tarte puis disposez dessus les moules restantes.
Laissez cuire 25 min à mi-puissance.

Mix the cubed butter with the flour and a pinch of salt. Add 1 egg yolk then the water, shaping into a ball. Flatten out with your hands then reshape into a ball, leave this for 2 hours in the fridge.
Heat up the mussels at a very hot temperature until they open, then remove them from their shells.
Roll out the pastry and place it in the quiche dish.
Mix the ricotta with the 3 beaten eggs, with ¾ of the drained mussels and the parmesan. Season with salt and pepper.
Pour this mixture into the lined quiche dish and then add the remaining mussels. Oven cook for 25 minutes at a medium temperature.

Courgette and mint quiche

Quiche courgette - menthe

15 | 40 | 4

250 g de farine
3 œufs
125 g de beurre
2 à 3 c. à s. d'eau
2 courgettes
400 g de ricotta
3 c. à s. d'huile d'olive
3 c. à s. de menthe ciselée
2 c. à s. de pignons de pin
Sel et poivre

250g of flour
3 eggs
125g of butter
2 to 3 tablespoons of water
2 courgettes
400g of ricotta
3 tablespoons of olive oil
3 tablespoons of finely chopped mint
2 tablespoons of pine nuts
Salt and pepper

Mélangez le beurre en morceaux avec la farine et une pincée de sel. Ajoutez 1 jaune d'œuf puis l'eau pour former une boule. Écrasez-la avec la main puis reformez une boule et laissez-la 2 h au frais.
Faites revenir les courgettes en rondelles dans une poêle avec l'huile.
Étalez la pâte puis placez-la dans le moule à tarte.
Mélangez la ricotta et 2 œufs battus avec la menthe et les pignons, salez et poivrez.
Versez sur le fond de tarte puis disposez les courgettes dessus. Laissez cuire 30 min à mi-puissance.

Mix the cubed butter with the flour and a pinch of salt. Add 1 egg yolk then the water, to form a ball. Flatten out with your hands then reshape into a ball, leave this for 2 hours in the fridge.
Gently fry the sliced courgettes in olive oil.
Roll out the pastry then place it in a quiche dish.
Mix the ricotta with 2 beaten eggs, the mint and the pine nuts, season with salt and pepper.
Spread this into the quiche dish adding the courgettes. Oven cook for 30 minutes at a medium temperature.

Grilled toasts with goat's cheese

Tartines gratinées au chèvre

4 tranches épaisses de pain de campagne
200 g de fromage de chèvre frais
100 g de tomates confites à l'huile
1 gousse d'ail
4 c. à c. de miel liquide
4 c. à c. d'huile d'olive
Herbes de Provence
Sel et poivre

4 thick slices of farmhouse bread
200g of fresh goat's cheese
100g of sun-dried tomatoes in oil
1 clove of garlic
4 teaspoons of runny honey
4 teaspoons of olive oil
Mixed herbs
Salt and pepper

Préchauffez le four, position grill.
Frottez les tranches de pain avec la gousse d'ail.
Tartinez-les généreusement de fromage de chèvre, puis ajoutez les tomates confites finement ciselées.
Versez un peu de miel, un filet d'huile et saupoudrez d'herbes de Provence.
Salez et poivrez au moulin.
Placez les tartines 8 min environ sous le gril et servez avec une salade verte.

Preheat the oven on the grill setting.
Rub each slice of bread with the clove of garlic.
Cover with a generous spreading of goat's cheese, then add the finely chopped tomatoes.
Drizzle with a little honey, olive oil and add a sprinkle of mixed herbs.
Season with salt and ground pepper.
Put these under the grill for about 8 minutes, then serve with a green salad.

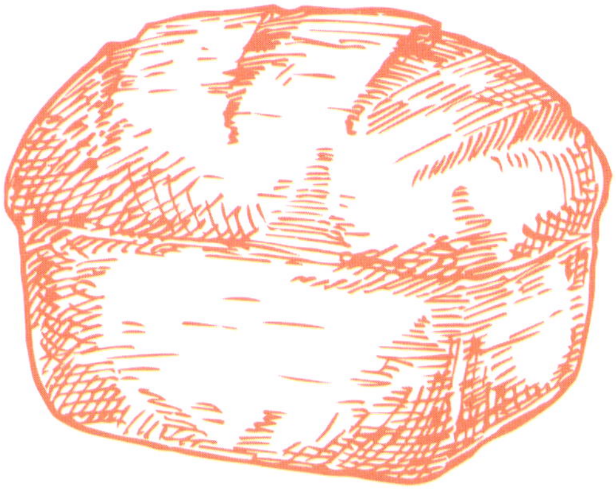

Sardine bruschetta

Bruschetta aux sardines

4 bruschetta
16 filets de sardine fraîche
ou 2 boîtes de filets de sardine
4 tomates bien mûres
1 gousse d'ail
16 olives noires
50 g de chorizo
50 g de parmesan râpé
Basilic
6 c. à s. d'huile d'olive
Sel et poivre

4 slices of bruschetta bread
16 fillets of fresh sardines
or 2 tins of sardine fillets
4 very ripe tomatoes
1 clove of garlic
16 black olives
50g of chorizo
50g of grated parmesan
Basil
6 tablespoons of olive oil
Salt and pepper

Frottez les pains avec la gousse d'ail.
Arrosez-les d'un filet d'huile d'olive puis faites-les dorer 5 min à mi-hauteur du four, position grill.
Coupez les tomates et le chorizo en fines tranches.
Déposez les tomates sur les 4 bruschetta.
Ajoutez les filets de sardine, le parmesan, le chorizo et les olives noires.
Salez et poivrez au moulin.
Enfournez 5 min sous le grill puis ajoutez le basilic et servez avec une salade verte.

Rub the clove of garlic onto the bread.
Drizzle with olive oil and leave them to brown for 5 minutes under the grill.
Thinly slice the tomatoes and the chorizo.
Place the tomatoes onto the 4 slices of bruschetta. Then add the sardines, the parmesan, the chorizo and the black olives.
Season with salt and ground pepper.
Place under the grill for 5 minutes, then top with a little basil and serve with a green salad.

Roches de l'Islatte
La Tranche-sur-Mer
Ceinture
Pointe du Chiquet
Roche de l'Aunis
Banc Breton
Fosse Orientale de la Chevarache
Roche du Fier
Loix
Fosse de Loix
PLATEAU
DE
CHARDONNIER

Pizza dough

Pâte à pizza

180 g de farine T45
2 g de levure boulangère sèche
½ c. à c. de sucre
½ c. à c. de sel
10 cl d'eau
4 cl d'huile d'olive

180g of soft 450 flour
2g of dried baker's yeast
½ teaspoon of sugar
½ teaspoon of salt
10cl of water
4cl of olive oil

Mélangez l'eau tiède et le sucre. Ajoutez la levure et laissez reposer 10 min.
Placez la farine dans une jatte et formez un puits.
Versez-y le mélange eau-levure, ajoutez l'huile et pétrissez pendant 10 min.
Salez et continuez de pétrir pendant 5 min pour former une boule élastique.
Laissez-la lever dans un récipient hermétique pendant 30 min puis placez-la 18 h au réfrigérateur.

La cuisson : étalez la pâte en un cercle adapté au four, ajoutez la sauce tomate et les ingrédients de votre choix (voir page 72). Faites cuire 10 à 15 min en bas du four à puissance maximum.

Mix the lukewarm water with the sugar. Add the yeast and leave it to stand for 10 minutes.
Put the flour into a mixing bowl and make a well.
Pour in the yeast and water mixture, add the oil and knead for 10 minutes.
Add the salt and continue to knead for 5 minutes until the dough is elastic, then form into a ball.
Place in an air-tight container to rise for 30 minutes, then place it in the fridge for 18 hours.

Cooking: flatten out the dough onto an ovenproof pizza tray, add the tomato sauce and your chosen ingredients (see page 72). Cook for 10 to 15 minutes in the bottom of the oven, at the highest temperature.

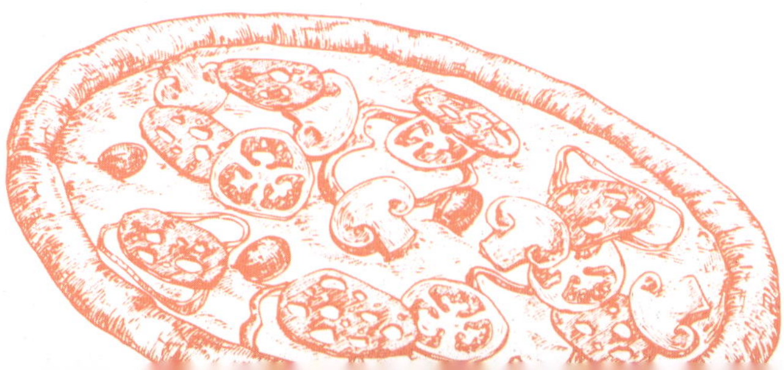

Garnitures à pizza

Pizza toppings

Pâte à pizza
voir page 70

**Pizza dough
see page 70**

Chaque allure a sa garniture !
À déposer sur la pizza déjà recouverte de sauce tomate.

Au pré : courgettes, aubergines, poivrons, champignons, mozzarella.
Au bon plein : poivrons, oignons rouges, feta, tomates confites, olives, câpres.
Au travers : poivrons rôtis, câpres, ricotta, anchois.
Au largue : crevettes, haricots rouges, épices cajun, oignons rouges, ail, emmental.
Au grand largue : oignons, thon, olives, câpres, mozzarella.
Au vent arrière : jambon, ananas, oignons rouges, mozzarella.

N'oubliez pas d'ajouter des herbes séchées en début de cuisson ou de parsemer d'herbes fraîches ciselées dès la sortie du four... Mes pizzas en raffolent !

**Each speed has its own ingredients!
To be added onto a pizza base already covered with tomato sauce.**

**The coaster: courgettes, aubergines, red peppers, mushrooms, mozzarella.
The cruiser: red peppers, red onion, feta, sun-dried tomatoes, olives, capers.
The swift: roasted peppers, capers, ricotta, anchovies.
The full speed: prawns, red kidney beans, Cajun spices, red onions, garlic, Emmental cheese.
The full sail: onion, tuna, olives, capers, mozzarella.
The wind speed: ham, pineapple, red onion, mozzarella.**

**Don't forget to sprinkle with dried herbs before cooking and then with finely chopped fresh herbs before serving ...
My pizzas love it!**

Sicilian swordfish

Espadon à la sicilienne

15 50 4

4 tranches d'espadon
d'1 cm d'épaisseur
1 boîte de tomates en dés
1 oignon
1 gousse d'ail
2 c. à c. de câpres
8 olives noires
100 g de pain rassis
2 c. à s. de persil ciselé
8 c. à s. d'huile d'olive
Le jus d'un citron
Sel et poivre

4 slices of swordfish, 1cm thick
1 tin of chopped tomatoes
1 onion
1 clove of garlic
2 teaspoons of capers
8 black olives
100g of stale/dry bread
2 tablespoons of finely chopped parsley
8 tablespoons of olive oil
The juice from 1 lemon
Salt and pepper

Faites mariner les tranches d'espadon dans 4 c. à s. d'huile, le jus de citron, le sel et le poivre pendant 1 h.
Râpez l'oignon et l'ail. Émiettez le pain. Placez le tout dans le fond d'un plat avec 2 c. à s. d'huile. Enfournez 10 min aux ⅔ de la puissance.
Déposez par-dessus les tranches d'espadon. Mélangez les dés de tomates avec les câpres, les olives, le persil et 2 c. à s. d'huile. Recouvrez le poisson de cette sauce et laissez cuire 40 min.
Servez aussitôt.

Marinate the swordfish for 1 hour in 4 tablespoons of olive oil, the lemon juice, salt and pepper.
Grate both the onion and the garlic. Crumble the bread into breadcrumbs. Place all of this into the bottom of an ovenproof dish with 2 tablespoons of oil. Bake on a medium to high heat for 10 minutes.
Place the marinated swordfish onto the baked breadcrumbs.
Combine the capers, the olives, the parsley and 2 tablespoons of olive oil with the chopped tomatoes.
Pour this sauce over the fish and let it cook for 40 minutes.
Serve immediately.

Griddled seabass with coarse salt

Bar à la plancha au gros sel

1 bar ou un maigre d'1,2 kg
vidé et non écaillé
1 citron
4 c. à s. d'huile d'olive
Thym, laurier, romarin
Gros sel
Poivre du moulin

1 seabass or any white fish
of about 1.2kg
(gutted and with scales)
1 lemon
4 tablespoons of olive oil
Thyme, bay leaves, rosemary
Coarse salt
Ground pepper

Préchauffez la plancha à pleine puissance en versant dessus un lit de gros sel sur 1 cm d'épaisseur.
Salez et poivrez l'intérieur du poisson. Ajoutez du thym, quelques feuilles de laurier et un filet d'huile d'olive.
Déposez-le sur le lit de gros sel en ajoutant des herbes et laissez cuire environ 12 min par face, en l'arrosant régulièrement de jus de citron.
Servez aussitôt avec des salicornes ou des pommes de terre grenaille.

Preheat the griddle on the hottest setting, with a 1cm covering of coarse salt.
Season inside the fish with salt and pepper. Add the thyme, a few bay leaves and a drizzle of olive oil.
Place the fish onto the bed of salt, adding a sprinkling of herbs. Leave it to cook for about 12 minutes each side, drizzling regularly with the lemon juice.
Serve immediately with either samphire or new potatoes.

Sole medallions with seaweed

Médaillons de sole aux algues

4 filets de sole
20 cl de crème
40 g de beurre
4 c. à c. de paillettes d'algues
1 citron zesté
2 courgettes
30 g de farine
3 œufs
Sel et poivre

4 sole fillets
20cl of cream
40g of butter
4 teaspoons of seaweed flakes
The zest from 1 lemon
2 courgettes
30g of flour
3 eggs
Salt and pepper

Salez et poivrez les filets, ajoutez les paillettes d'algues puis roulez-les et enveloppez-les dans du film étirable. Faites-les cuire 10 à 12 min à la vapeur, suivant leur taille.
Faites chauffer la crème et les zestes. Salez, poivrez et incorporez le beurre froid en dés.
Mélangez les œufs, la farine et les courgettes râpées.
Formez des petites galettes et faites-les revenir 5 à 6 min dans une poêle avec l'huile.
Retirez le film étirable et servez les médaillons avec la sauce et les röstis de courgette.

Season the sole with salt and pepper, cover with the seaweed flakes, then roll and wrap them in cling-film.
Steam them for about 10 to 12 minutes, depending on their size.
Heat up the cream with the lemon zest. Season with salt and pepper and incorporate the cold, cubed butter.
Mix together the eggs, the flour and the grated courgettes.
Shape into small rissoles and fry in oil for 5 to 6 minutes.
Remove the plastic film and serve the sole with the sauce and courgette rissoles.

Breton sardines

Sardines à la bretonne

16 sardines
600 g de petites pommes de terre grenaille
50 g de beurre demi-sel
Poivre du moulin

16 sardines
600g of small new potatoes
50g of salted butter
Ground pepper

Faites cuire les pommes de terre à l'eau salée 20 min environ puis égouttez-les.
Videz les sardines, lavez-les et séchez-les dans du papier absorbant.
Préchauffez la plancha à mi-puissance en étalant le beurre dessus avec une fourchette.
Faites cuire les sardines 3 à 4 min par face, ajoutez les pommes de terre grenaille.
Poivrez généreusement et servez aussitôt.

Boil the potatoes for about 20 minutes in salted water then drain.
Gut and rinse the sardines, then dry them off on kitchen paper.
Preheat the griddle to a medium heat, wiping over with butter on a fork.
Cook the sardines for 3 to 4 minutes per side, add the potatoes.
Generously sprinkle with ground pepper and serve immediately.

Crunchy fish and chips

Fish and chips panés aux céréales

800 g de dos de merlu
100 g de corn flakes
4 œufs
100 g de farine
2 gousses d'ail
20 cl d'huile d'olive
Sel et poivre

800g of hake fillet
100g of cornflakes
4 eggs
100g of flour
2 cloves of garlic
20cl of olive oil
Salt and pepper

Écrasez les gousses d'ail à la fourchette dans une grande assiette creuse. Versez un jaune d'œuf dessus et 1 c. à c. d'huile. Émulsionnez avec la fourchette, en ajoutant très doucement un filet d'huile, salez et poivrez, puis continuez jusqu'à épuisement de l'huile pour que l'aïoli soit bien ferme.
Préchauffez le four au minimum.
Coupez les filets de poissons en 2 dans la longueur.
Passez-les dans la farine, puis dans les œufs battus et les céréales légèrement broyées pour les paner uniformément.
Enfournez et laissez cuire 8 à 10 min.

In a deep plate, crush the garlic with a fork. Pour in a teaspoon of oil and an egg yolk. Whisk with a fork, season with salt and pepper, and slowly drizzle in all of the oil, continue whisking until the aioli has a smooth firm texture.
Preheat the oven on the lowest setting.
Halve the fillets lengthwise.
First roll them into the flour, then into the beaten eggs and then into the crushed cornflakes to obtain an even coating.
Cook in the oven for 8 to 10 minutes.

Tuna tartare

Tartare de thon

600 g de pavés de thon
1 branche de céleri
1 pomme Granny Smith
2 échalotes
4 c. à s. d'huile d'olive
3 c. à s. de vinaigre de cidre
2 c. à s. d'aneth ciselé
Fleur de sel et poivre du moulin

600g tuna steaks
1 branch of celery
1 Granny Smith apple
2 shallots
4 tablespoons of olive oil
3 tablespoons of cider vinegar
2 tablespoons of finely chopped dill
Fleur de sel and ground pepper

Coupez le thon, la pomme et le céleri en petits dés. Épluchez et ciselez finement les échalotes.
Placez le tout dans un saladier. Versez l'huile, le vinaigre de cidre, puis salez et poivrez en mélangeant bien. Laissez mariner au moins 60 min au réfrigérateur. Ajoutez alors l'aneth ciselé et servez avec des mouillettes de pain de seigle.

Chop the tuna, apple and the celery into very small cubes. Peel and finely chop the shallots.
Put this into a large bowl. Add the oil, the cider vinegar then season with salt and pepper, being sure to mix well. Leave this to marinate in the fridge for at least 60 minutes.
Add the finely chopped dill and serve with lightly toasted ryebread fingers

Cod fillet with chorizo

Dos de cabillaud au chorizo

2 dos de cabillaud de 400 g
12 tranches de chorizo
1 kg de pommes de terre
2 gousses d'ail
8 c. à s. d'huile d'olive
2 c. à s. de crème fraîche
2 c. à c. d'herbes de Provence
Sel et poivre

2 cod fillets, 400g each
12 slices of chorizo
1kg of potatoes
2 cloves of garlic
8 tablespoons of olive oil
2 tablespoons of fresh cream
2 teaspoons of mixed herbs
Salt and pepper

Faites cuire les pommes de terre et l'ail 30 min dans une casserole d'eau salée.
Préchauffez le four à pleine puissance.
Coupez les dos de cabillaud en 4 pavés.
Déposez-les sur la plaque de cuisson en les serrant bien.
Salez, poivrez et ajoutez les herbes de Provence. Déposez par-dessus les rondelles de chorizo coupées en 2, comme des écailles.
Enfournez 17 min.
Épluchez les pommes de terre puis écrasez-les avec l'huile, l'ail et la crème fraîche. Assaisonnez et servez bien chaud.

Cook the potatoes and garlic in a pan of salted water for 30 minutes.
Preheat the oven on the highest setting.
Divide the cod fillets into 4 pieces.
Place these very close together on an ovenproof tray.
Season with salt, pepper and mixed herbs. Carefully arrange the halved chorizo slices onto the cod, resembling fish scales.
Oven cook for 17 minutes.
Peel the potatoes then mash them up with oil, garlic and cream. Season with salt and pepper and serve piping hot.

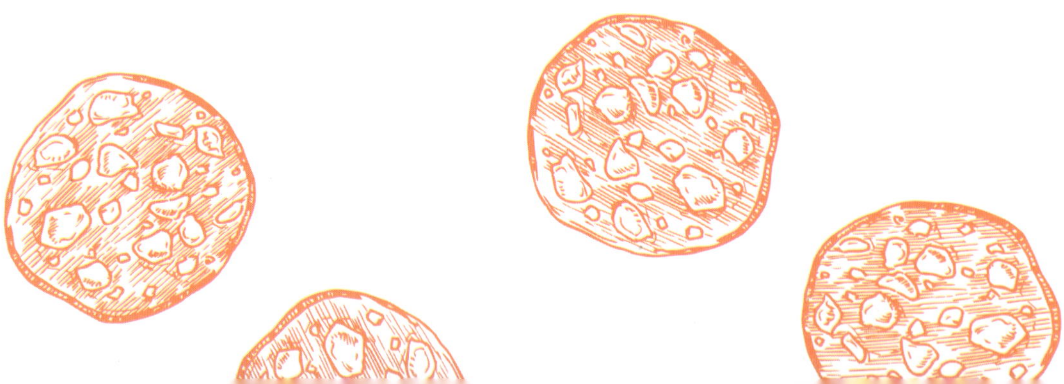

Sea bream ceviche

Ceviche de dorade

400 g de filets de dorade sans la peau
1 oignon rouge
2 tomates
1 avocat
½ pomelo
6 c. à s. d'huile d'olive
Le jus de 2 citrons verts
4 c. à s. de coriandre ciselée
Fleur de sel et poivre du moulin

400g skinned sea bream fillets
1 red onion
2 tomatoes
1 avocado
½ pomelo
6 tablespoons of olive oil
The juice from 2 limes
4 tablespoons of finely chopped coriander
Fleur de sel and ground pepper

Coupez les filets de dorade en fines lamelles puis faites-les mariner 30 min dans 2 c. à s. d'huile et le jus d'un citron vert. Salez et poivrez.
Coupez l'oignon, l'avocat et les tomates en petits dés. Détachez les segments de pomelo puis taillez-les en récupérant leur jus.
Placez le tout dans un saladier. Versez-y le reste d'huile, le jus du deuxième citron vert et la coriandre ciselée.
Salez et poivrez, puis mélangez bien.
Servez bien frais.

Slice the sea bream into thin strips and marinate for 30 minutes in 2 tablespoons of oil and the juice from 1 lime, seasoned with salt and pepper.
Chop the onion, avocado and tomatoes into small cubes. Break off the pomelo segments and trim them down to recuperate the juice.
Put all of this into a large bowl.
Pour over the remaining oil, the juice from the second lime and the finely chopped coriander.
Season with salt and pepper and mix together well.
Serve chilled.

Griddled mackerel

Maquereaux à la plancha

4 gros maquereaux
1 poivron
2 tomates
1 courgette
1 oignon
1 citron
Huile d'olive
Gros sel
Thym, laurier et romarin
Sel et poivre

4 large mackerel
1 red pepper
2 tomatoes
1 courgette
1 onion
1 lemon
Olive oil
Coarse salt
Thyme, rosemary and bay leaves
Salt and pepper

Préchauffez la plancha à mi-puissance.
Coupez les légumes : les tomates en 2, les oignons et les courgettes en rondelles d'1 cm d'épaisseur et le poivron en 8 morceaux.
Salez, poivrez et versez un filet d'huile.
Faites cuire les légumes à la plancha en les retournant souvent : les poivrons 11 min, les courgettes 7 min, les oignons 4 min et les tomates 3 min.
Remplissez l'intérieur des maquereaux de thym, de laurier et de romarin.
Posez-les sur un lit de gros sel et faites-les cuire 7 min sur chaque face.
Arrosez-les de jus de citron et servez-les avec les légumes.

Preheat the griddle on a medium setting.
Prepare the vegetables; halve the tomatoes, slice the onion and courgette 1cm thick, and cut the pepper into 8 pieces.
Season with salt and pepper and drizzle with some olive oil.
Cook these on the griddle, turning often; the peppers for 11 minutes, the courgette for 7 minutes, the onion for 4 minutes and the tomatoes for 3 minutes.
Place the thyme, rosemary and bay leaf inside the mackerel.
Griddle them on a bed of coarse salt for 7 minutes each side.
Drizzle with lemon juice and serve with the vegetables.

Monkfish skewers with melon gazpacho

Brochettes de lotte
et gaspacho de melon

20 | 8 | 4

800 g de queue de lotte dépouillée
12 fines tranches de lard fumé
1 melon
4 tomates
12 feuilles de basilic
2 c. à s. de vinaigre de xérès
Tabasco
Piment d'Espelette
Sel

800g of monkfish tail, skinned
12 thin slices of smoked bacon
1 melon
4 tomatoes
12 basil leaves
2 tablespoons of sherry vinegar
Tabasco®
Espelette chilli pepper
Salt

Versez le jus et la chair du melon et des tomates dans un mixeur.
Ajoutez le basilic, 2 c. à s. de vinaigre de xérès et 12 gouttes de Tabasco.
Mixez 1 minute puis salez et poivrez.
Placez au froid.
Préchauffez la plancha à mi-puissance.
Coupez la lotte en gros dés
Enfilez les morceaux de lotte et les tranches de lard sur 4 brochettes.
Salez et ajoutez le piment d'Espelette.
Laissez-les cuire 8 minutes en les retournant.
Servez aussitôt avec le gaspacho très froid.

Put the tomatoes into a blender along with the flesh and juice from the melon.
Add the basil leaves, 2 tablespoons of sherry vinegar and 12 drops of Tabasco®.
Blend for 1 minute then season with salt and pepper.
Put this into the fridge.
Preheat the griddle on a medium setting.
Cut the fish into large cubes.
Slot the monkfish pieces and the bacon onto 4 skewers.
Season with salt and a little Espelette chilli pepper.
Allow these to cook for 8 minutes, turning regularly.
Serve immediately with the very cold gazpacho.

Whiting and vegetable terrine

Terrine de merlan aux légumes

20 · 1h · 4/6

600 g de filets de merlan
1 carotte
1 courgette
1 fenouil
1 échalote
1 gousse d'ail
4 œufs
2 c. à s. de crème
4 c. à s. de ciboulette ciselée
3 c. à s. d'huile d'olive
Sel et poivre

600g of whiting fillets
1 carrot
1 courgette
1 fennel
1 shallot
1 clove of garlic
4 eggs
2 tablespoons of cream
4 tablespoons of finely chopped chives
3 tablespoons of olive oil
Salt and pepper

Faites cuire les filets 5 min dans de l'eau bouillante salée, puis émiettez-les.
Faites revenir les légumes râpés 5 min à la poêle avec l'huile. Salez et poivrez.
Fouettez 4 œufs avec la crème et la ciboulette.
Mélangez le poisson et le hachis de légumes.
Versez dans un plat à cake en tassant bien et ajoutez les œufs petit à petit pour remplir le moule jusqu'en haut.
Recouvrez de papier aluminium et enfournez 40 min à four chaud.
Retirez le papier et continuez la cuisson encore 15 min.

Cook the fish for 5 minutes in salted, boiling water, then flake apart.
Gently fry the grated vegetables in oil for 5 minutes. Season with salt and pepper.
Whisk together the eggs, the cream and the chives.
Combine the fish and the grated vegetables.
Press this into a cake tin, then little by little add the egg, filling the tin up to the top.
Cover with aluminium foil and cook for 40 minutes in a hot oven.
Remove the foil and continue cooking for a further 15 minutes.

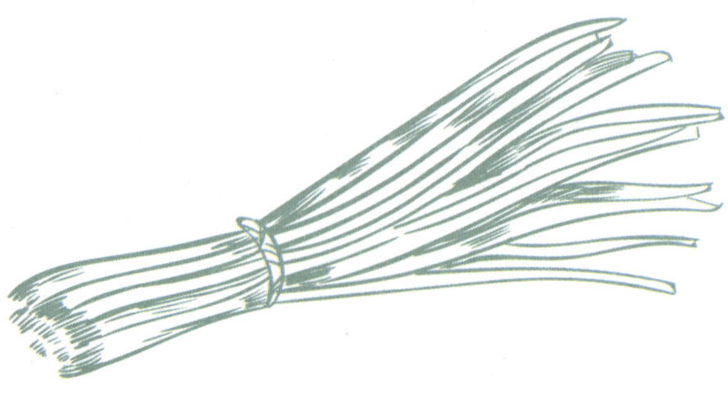

Red mullet fillet with fennel

Filets de rougets au fenouil

8 filets de rouget barbet
2 fenouils
1 orange
5 c. à s. d'huile d'olive
1 c. à c. de sel de céleri
Sel et poivre de Timut

8 fillets of red mullet
2 fennel bulbs
1 orange
5 tablespoons of olive oil
1 teaspoon of celery salt
Salt and Timut pepper

Préchauffez la plancha à petite puissance.
Coupez les fenouils en lamelles, en retirant les parties dures et les plumets. Enduisez-les d'une c. à s. d'huile d'olive et saupoudrez-les de sel de céleri.
Faites-les cuire 7 à 9 min sous cloche, en les retournant souvent.
Préparez la vinaigrette en émulsionnant 3 c. à s. d'huile et le jus d'orange, salez et poivrez.
Augmentez la chaleur de la plancha à mi-puissance et faites cuire les filets 1 min 30 s sur chaque face.
Salez, poivrez et servez avec le fenouil et la vinaigrette à l'orange.

Preheat the griddle on a low heat.
Remove the fronds and hard root from the fennel then slice into strips. Coat these in 1 teaspoon of olive oil and sprinkle over with celery salt.
Cover and griddle for 7 to 9 minutes, turning often.
For the dressing: whisk together 3 tablespoons of oil and the orange juice, then season with salt and pepper.
Turn the griddle up to a medium heat and cook the fillets for 1½ minutes on each side.
Season with salt and pepper and serve with the fennel and the orange dressing.

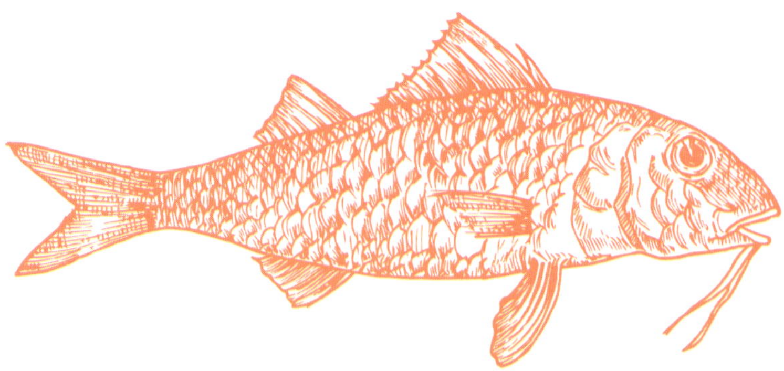

Anchovy parcels

Bricks aux anchois

4 feuilles de bricks
200 g d'anchois marinés
4 œufs, plus un blanc
1 botte de persil
1 oignon
1 gousse d'ail
1 c. à s. de câpres
1 citron
Sel et poivre

4 sheets of filo pastry
200g of marinated anchovies
4 eggs, and 1 extra egg white
1 bunch of parsley
1 onion
1 clove of garlic
1 tablespoon of capers
1 lemon
Salt and pepper

Hachez l'oignon et l'ail.
Retirez l'huile des anchois puis émincez ceux-ci finement avec les câpres.
Ciselez le persil et mélangez le tout dans un bol. Salez et poivrez.
Posez une feuille de brick sur le plan de travail et mouillez son pourtour de blanc d'œuf.
Déposez 2 c. à s. de farce et 1 œuf entier dans le quart inférieur gauche.
Repliez la feuille en demi-lune puis en triangle, en soudant bien les bords.
Répétez l'opération avec les trois autres feuilles de brick.
Plongez les bricks une par une, environ 1 min, dans votre friteuse puis déposez-les sur du papier absorbant.
Servez bien chaud avec du citron.

Very finely chop the onion and the garlic.
Drain the oil off the anchovies and finely chop, along with the capers.
Finely chop the parsley, and mix this all together in a bowl. Season with salt and pepper.
Place one sheet of filo onto the work surface putting egg white around the perimeter.
Place 2 tablespoons of the filling with 1 whole egg, into the bottom left corner.
Fold the sheet of pastry over into a half moon, then over again into a triangle, being sure the edges are firmly sealed.
Repeat this same action for the remaining 3 sheets of filo pastry.
Place the parcels one by one into a deep fryer for about 1 minute, then drain them on some kitchen paper.
Serve piping hot with lemon.

Cod niçoise

Morue à la niçoise

1 kg de filet de morue
1 kg de pommes de terre
2 oignons
3 tomates
3 gousses d'ail
2 poivrons rouges
12 olives noires
8 c. à s. d'huile d'olive
Thym et laurier
Sel et poivre

1kg of saltfish (cod)
1kg of potatoes
2 onions
3 tomatoes
3 cloves of garlic
2 red peppers
12 black olives
8 tablespoons of olive oil
Thyme and bay leaf
Salt and pepper

Dessalez la morue dans de l'eau froide. Émincez les oignons, l'ail et les poivrons. Faites-les revenir doucement dans une cocotte avec l'huile d'olive. Hachez les tomates et ajoutez-les, avec le thym et le laurier. Salez, poivrez et laissez mijoter 10 min. Ajoutez les pommes de terre pelées et coupées en 6 avec 50 cl d'eau chaude. Laissez cuire 30 min à couvert. Coupez les filets de morue puis ajoutez-les dans la cocotte avec les olives noires. Laissez cuire 15 min à découvert et servez très chaud.

Desalt the saltfish in cold water. Finely chop the onions, garlic and peppers. In a casserole dish, gently brown these off in olive oil. Incorporate the finely chopped tomatoes, the thyme and bay leaf. Season with salt and pepper, leaving it to simmer for 10 minutes. Then add the peeled potatoes cut into 6, along with 50cl of hot water. Cover with a lid and cook for 30 minutes. Cut the fish into pieces and add them to the dish with the black olives. Allow this to cook, uncovered, for 15 minutes. Serve piping hot.

Individual trays of griddled mussels

Barquettes de moules
à la plancha

1,5 kg de moules nettoyées
1 carotte
2 échalotes
1 branche de céleri ou ½ poireau
1 c. à s. de persil ciselé
20 g de beurre
20 cl de vin blanc
Poivre

1.5kg of cleaned mussels
1 carrot
2 shallots
1 branch of celery or ½ a leek
1 tablespoon of finely chopped parsley
20g of butter
20cl of white wine
Pepper

Préchauffez la plancha aux ⅔ de sa puissance.
Émincez finement les échalotes, la carotte et le céleri.
Mettez le tout dans une casserole avec le beurre. Versez le vin blanc, posez la casserole sur la plancha et laissez cuire 5 minutes.
Déposez les moules dans 4 barquettes en aluminium.
Versez par-dessus un peu de la sauce et le persil. Poivrez et refermez avec les couvercles en repliant les bords le plus hermétiquement possible.
Déposez les barquettes sur la plancha, et laissez-les cuire 8 min.

Preheat the griddle on a medium to hot setting.
Finely chop the shallots, the carrot and celery.
Put this all into a pan with the butter. Pour over the white wine then place the pan onto the griddle and allow it to cook for 5 minutes.
Divide the mussels between 4 aluminium trays.
Pour over some of the sauce, add a little parsley and then ground pepper.
Put the lids onto the trays, firmly folding the edges, to be as airtight as possible.
Place the trays onto the griddle and allow them to cook for 8 minutes.

Cockles and potato with samphire

Coques aux grenailles et salicornes

15 | 25 | 4

1 kg de coques
500 g de petites pommes de terre grenaille
100 g de salicornes
1 échalote
2 c. à s. de crème fraîche
15 cl de vin blanc sec
2 c. à s. de persil ciselé
Sel et poivre

1kg of cockles
500g of baby potatoes
100g of samphire
1 shallot
2 tablespoons of fresh cream
15cl of dry white wine
2 tablespoons of finely chopped parsley
Salt and pepper

Faites cuire les pommes de terre 20 min dans une casserole d'eau bouillante salée. Égouttez-les et coupez-les en 2. Coupez le pied des salicornes. Faites ouvrir les coques à feu vif dans une cocotte avec le vin blanc, l'échalote ciselée et les salicornes. Ajoutez la crème, les pommes de terre et le persil ciselé. Mélangez bien et poivrez au moulin. Servez bien chaud dans de grandes assiettes creuses.

Cook the potatoes for 20 minutes in a pan of boiling, salted water. Drain, then cut into halves. Remove the ends from the samphire. Heat the cockles in a large pan at a very high temperature, including the wine, the finely chopped shallot and samphire, until the cockles have opened. Then add the cream, the potatoes and the chopped parsley. Mix well and season with ground pepper. Serve piping hot in large deep plates.

Scallops with shallot chutney

Pétoncles au confit d'échalote

1,5 kg de pétoncles
3 échalotes
200 g de salicornes
20 g de beurre demi-sel
10 cl de vinaigre de cidre
15 cl d'eau
1 c. à c. de sucre en poudre
Poivre du moulin

1.5kg of scallops
3 shallots
200g of samphire
20g of salted butter
10cl of cider vinegar
15cl of water
1 teaspoon of granulated sugar
Ground pepper

Nettoyez les coquilles des pétoncles.
Faites fondre le beurre dans une sauteuse. Ajoutez les échalotes ciselées, le sucre, le vinaigre et l'eau. Laissez cuire 10 min à feu doux.
Ajoutez les salicornes et versez les pétoncles. Laissez-les cuire 5 min à feu vif jusqu'à l'ouverture complète des coquillages en remuant plusieurs fois.
Poivrez au moulin et servez aussitôt avec du pain de seigle et du beurre demi-sel.

Clean the scallop shells.
Melt the butter in a frying pan. Add the finely chopped shallots, the sugar, vinegar and water. Let it cook on a low heat for 10 minutes.
Incorporate the samphire and the scallops. Cook on a very high heat for 5 minutes until the closed shells open, stirring from time to time.
Sprinkle with ground pepper and serve immediately with ryebread and salted butter.

Poached crab

Tourteau au court-bouillon

15 | 15 | 4

2 tourteaux
de 400 g chacun environ
1 carotte
1 bouquet garni
1 oignon
1 verre de vin blanc
1 c. à s. de paillettes d'algues
1 c. à s. de vinaigre
20 cl d'huile
Sel et poivre

2 whole crabs
of about 400g each
1 carrot
1 bouquet garni
1 onion
1 glass of white wine
1 tablespoon of seaweed flakes
1 tablespoon of vinegar
20cl of oil
Salt and pepper

Faites chauffer une cocotte d'eau salée en ajoutant le vin, le bouquet garni, l'oignon et la carotte ciselés.
Plongez-y les tourteaux, couvrez et laissez frémir 15 min.
Sortez-les et, quand ils ont refroidi, décortiquez-les.
Cassez un jaune d'œuf dans un grand bol, ajoutez la moutarde et les paillettes d'algues. Salez, poivrez et commencez à fouettez en ajoutant le vinaigre.
Versez l'huile en filet petit à petit, en continuant de fouetter pour obtenir une mayonnaise bien ferme.
Servez-la à côté des tourteaux.

Bring a pan of salted water to the boil, incorporate the wine, the bouquet garni and finely chopped onion and garlic.
Lower in the crabs, cover and leave this to simmer for 15 minutes.
Remove the cooked crabs from the pan, once they are cool, they can then be dressed.
Break an egg yolk into a large bowl, add the mustard and the seaweed flakes. Season with salt and pepper then start to whisk while adding the vinegar.
Continue to whisk incorporating the oil little by little, to obtain a smooth firm mayonnaise.
Serve this alongside the prepared crab.

Linguine and clams

Linguine aux palourdes

1 kg de palourdes
500 g de linguine
2 échalotes
20 cl de crème liquide
20 g de beurre
10 cl de vin blanc sec
2 c. à s. de persil ciselé
2 c. à s. de pignons de pin
Sel et poivre

1kg of palourde clams
500g of linguine pasta
2 shallots
20cl of liquid cream
20g of butter
10cl of dry white wine
2 tablespoons of finely chopped parsley
2 tablespoons of pine nuts
Salt and pepper

Ouvrez les palourdes à feu vif dans une cocotte avec le vin blanc puis réservez-les au chaud en récupérant le jus de cuisson.
Faites cuire les pâtes 8 min.
Faites fondre le beurre dans une sauteuse. Ajoutez les échalotes ciselées et laissez cuire 5 min à feu très doux. Ajoutez la crème et le jus de cuisson des palourdes. Salez et poivrez puis versez le tout sur les coquillages.
Égouttez les pâtes et servez avec la sauce. Ajoutez le persil et les pignons de pin grillés.

In a pan, heat the clams and wine at a very high temperature until they open. Then remove the liquid, continue to keep the clams warm.
Cook the pasta for 8 minutes.
Melt the butter in a frying pan. Add the finely chopped shallots and cook for 5 minutes on a very low heat. Incorporate the cream and the recuperated liquid. Season with salt and pepper then pour over the clams. Drain off the pasta and serve with the sauce. Sprinkle with the parsley and toasted pine nuts.

Griddled langoustines

Langoustines à la plancha

24 belles langoustines très fraîches
1 citron
Gros sel ou fleur de sel
Poivre du moulin ou poivre de Timut aux arômes d'agrumes

24 very fresh langoustines
1 lemon
Coarse salt or fleur de sel
Ground pepper, or Timut pepper with a citrus aroma

Préchauffez la plancha à pleine puissance.
Déposez dessus 2 c. à s. de fleur de sel.
Faites cuire les langoustines 5 min environ en les retournant à mi-cuisson.
Versez un filet de jus de citron, poivrez au moulin et servez aussitôt avec du pain toasté et du beurre demi-sel.

Preheat the griddle on the hottest setting.
Sprinkle 2 tablespoons of salt onto it.
Cook the langoustine for about 5 minutes, turning them over halfway through.
Drizzle with lemon juice and ground pepper, then serve immediately with toasts and salted butter.

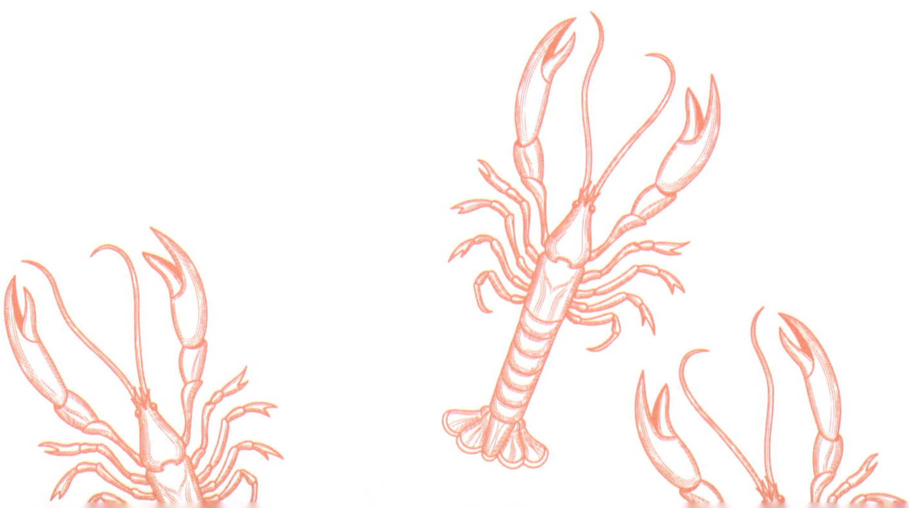

Skewered tiger prawns

Brochettes de gambas

24 gambas crues
1 mangue
2 betteraves
1 oignon rouge
1 citron vert
2 c. à s. de coriandre
4 c. à s. d'huile de colza
8 c. à s. de sauce pour nems
1 c. à c. de pâte de curry rouge
2 c. à c. de sauce soja
Sel et poivre

24 fresh tiger prawns
1 mango
2 beetroot
1 red onion
1 lime
2 tablespoons of coriander
4 tablespoons of rapeseed oil
8 tablespoons of sauce for spring rolls
1 teaspoon of red curry paste
2 teaspoons of soya sauce
Salt and pepper

Coupez la mangue, les betteraves et l'oignon en dés.
Fouettez l'huile avec le jus de citron, la pâte de curry et la sauce pour nems. Salez et poivrez.
Chauffez la plancha à demi- puissance.
Décortiquez les crevettes et piquez-les sur des brochettes.
Arrosez-les d'un peu de vinaigrette et d'un filet de sauce soja. Faites-les cuire 1 min ½ par face.
Mélangez la vinaigrette et la salade.
Ajoutez la coriandre et servez avec les brochettes.

Chop the mango, onion and beetroot into small cubes.
Whisk together the oil, the lime juice, the curry paste and the spring roll sauce. Season with salt and pepper.
Heat the griddle on the medium setting.
Peel the prawns and slot them onto skewers.
Drizzle with the vinaigrette and a little soya sauce. Cook for 1½ minutes each side.
Mix the vinaigrette into the salad, add the coriander and serve with the skewered prawns.

Griddled squid in Basque style

Plancha d'encornets
à la basquaise

15 — 2 — 4

600 g de petits calamars
6 fines tranches de jambon cru
1 gousse d'ail
1 citron
2 c. à s. d'huile d'olive
Fleur de sel
Piment d'Espelette

600g of small squid
6 thin slices of cured ham
1 clove of garlic
1 lemon
2 tablespoons of olive oil
Fleur de sel
Espelette chilli pepper

Préchauffez la plancha à sa puissance maximale. Enlevez la peau des calamars. Retirez leur tête. Videz-les, rincez l'intérieur puis coupez les tentacules.
Faites-les mariner 15 min dans le jus d'un citron avec la gousse d'ail écrasée, de la fleur de sel et une pincée de piment d'Espelette.
Coupez les tranches de jambon en 2, roulez-les finement et farcissez-en les calamars.
Faites cuire les calamars 1 min par face, avec leurs tentacules, sur la plancha.
Arrosez-les d'un filet de citron et servez aussitôt.

Preheat the griddle on the hottest setting. Remove the skins and the heads from the squid. Gut and rinse the inside, then cut off the tentacles.
Marinate these for 15 minutes in the lemon juice with the crushed garlic, fleur de sel and a pinch of Espelette pepper.
Cut the slices of ham in half, roll each tightly and put them inside the squid tubes as a stuffing.
Griddle the squid, along with the tentacles, for 1 minute each side. Drizzle with lemon juice and serve immediately.

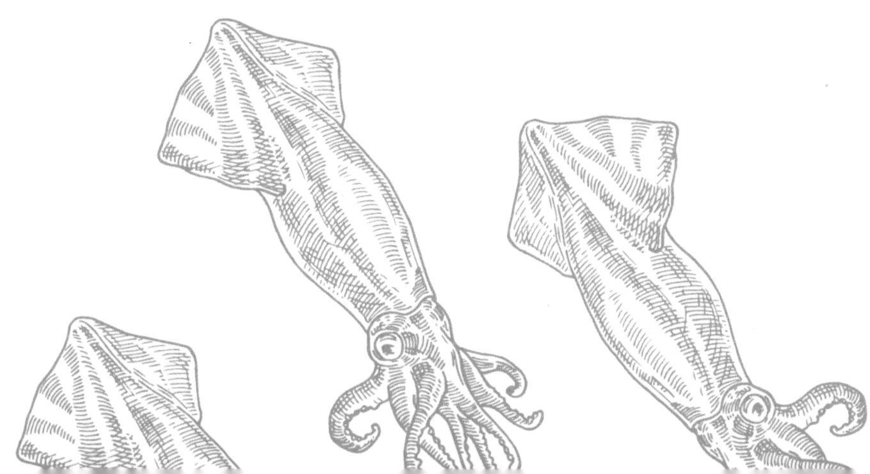

Stuffed squid with piperade

Encornets farcis et piperade

8 encornets
200 g de riz
2 poivrons
1 tomate
1 oignon
1 gousse d'ail
3 c. à s. d'huile d'olive
1 c. à s. d'épices espagnoles
Sel et poivre

8 squid tubes
200g of rice
2 red peppers
1 tomato
1 onion
1 clove of garlic
3 tablespoons of olive oil
1 tablespoon of Spanish spices
Salt and pepper

Enlevez la peau des calamars. Retirez leur tête et coupez leurs tentacules, videz-les et rincez l'intérieur.
Taillez les légumes et les tentacules en petits dés.
Faites dorer l'oignon dans une sauteuse avec 2 c. à s. d'huile.
Ajoutez le riz, les légumes, les tentacules et l'ail écrasé.
Continuez la cuisson 3 min. Salez, poivrez et ajoutez les épices.
Versez par-dessus 50 cl d'eau chaude et laisser cuire 15 min jusqu'à l'absorption du bouillon.
Farcissez les encornets de ce mélange et fermez-les avec une pique.
Déposez-les dans un plat, arrosez d'un filet d'huile et laissez cuire 15 min à four chaud
Servez tout de suite.

Remove the skins and the heads from the squid. Cut off the tentacles, gut then rinse the inside.
Chop the vegetables and the tentacles into small cubes.
Brown the onion in a frying pan with 2 tablespoons of oil.
Add the rice, the vegetables, the tentacles and crushed garlic.
Continue cooking for a further 3 minutes. Season with salt, pepper and the spices.
Pour 50cl of hot water over this, and allow it to cook for 15 minutes, until all the liquid has evaporated.
Fill the squid tubes with this mixture and seal with a toothpick.
Place these into an oven dish, drizzle with a little oil and cook for 15 minutes in a hot oven.
Serve piping hot.

Tandoori chicken skewers

Brochettes de poulet tandoori

4 filets de poulet
250 g de quinoa
2 citrons
1 yaourt blanc
2 c. à c. de curry
2 c. à s. d'huile de colza
2 c. à s. d'amandes effilées
Tabasco
Sel et poivre

4 chicken fillets
250g of quinoa
2 lemons
1 natural yoghurt
2 teaspoons of curry
2 tablespoons of rapeseed oil
2 tablespoons of flaked almonds
Tabasco®
Salt and pepper

Mélangez le jus de citron avec le yaourt, le curry, l'huile et 10 gouttes de tabasco. Salez et poivrez.
Faites mariner 1 h le poulet coupé en gros dés.
Pendant ce temps faites-cuire le quinoa 10 min dans une casserole d'eau bouillante salée.
Égouttez et mélangez-le avec le jus d'un citron.
Préchauffez la plancha à mi-puissance.
Enfilez les morceaux de poulet sur 4 brochettes.
Laissez-les cuire 7 minutes en les retournant. Faites griller les amandes au dernier moment.
Servez aussitôt avec le quinoa aux amandes.

Mix together the lemon juice, the yoghurt, the curry, the oil and 10 drops of Tabasco®. Season with salt and pepper.
Cut the chicken into large chunks and marinate in this mixture for 1 hour.
In the meantime, cook the quinoa in boiling, salted water for 10 minutes.
Drain and mix in the juice from one lemon.
Preheat the griddle on a medium setting.
Slot the pieces of chicken onto the 4 skewers.
Allow them to cook for 7 minutes, turning from time to time. Toast the almonds at the very last minute.
Serve immediately with the quinoa and almonds.

Veal saltimbocca

Saltimbocca de veau

4 fines escalopes de veau
4 tranches de jambon de Parme
4 anchois
50 g de parmesan râpé
2 courgettes
2 c. à c. d'herbes de Provence.
4 c. à s. d'huile d'olive
10 cl de vin blanc
Sel et poivre

4 veal cutlets
4 slices of Parma ham
4 anchovies
50g of grated parmesan
2 courgettes
2 teaspoons of mixed herbs
4 tablespoons of olive oil
10cl of white wine
Salt and pepper

Déposez sur chaque escalope une tranche de jambon, du parmesan et un anchois. Salez, poivrez et ajoutez les herbes de Provence.
Roulez les escalopes sur elles-mêmes puis attachez-les avec une ficelle.
Déposez-les dans une sauteuse avec 2 c. à s. d'huile. Faites-les dorer puis versez le vin blanc et laissez cuire 10 min.
Taillez les courgettes en tagliatelles. Faites-les revenir rapidement avec 2 c. à s. d'huile. Servez aussitôt avec du parmesan.

Place a slice of ham, the parmesan and one anchovy onto each of the cutlets. Season with salt and pepper then sprinkle with mixed herbs.
Roll up each of the cutlets and tie them with string to hold them in place.
Place them into a frying pan with 2 tablespoons of oil. Cook until golden then pour over the white wine, allow to cook for 10 minutes.
Thinly slice the courgettes into ribbons. Rapidly fry them in 2 tablespoons of oil. Serve immediately with a sprinkle of parmesan.

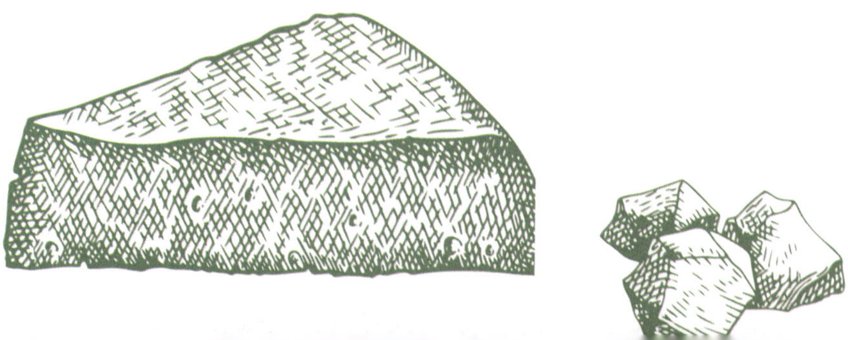

Duck confit with salardaise potatoes

Confit de canard
et pommes de terre sarladaises

4 cuisses de confit de canard
600 g de pommes de terre
4 gousses d'ail
2 c. à s. de persil ciselé
Sel et poivre du moulin

4 duck thighs confit
600g potatoes
4 cloves of garlic
2 tablespoons of finely chopped parsley
Salt and ground pepper

Préchauffez la plancha à petit puissance. Récupérez la graisse du confit. Coupez les pommes de terre en fines rondelles puis séchez-les dans un torchon. Déposez les pommes de terre avec la graisse sur la plancha, en ajoutant 4 gousses d'ail non pelées. Salez, poivrez et laissez cuire 10 min en les remuant souvent à la spatule. Ajoutez les cuisses de canard et laissez encore cuire le tout 10 min. Au dernier moment ajoutez le persil ciselé et servez avec une salade verte.

Preheat the griddle on a low setting. Recuperate the grease from the duck confit. Thinly slice the potatoes then let them dry on a clean tea-towel. Place the potatoes onto the griddle, along with the duck grease, adding 4 unpeeled cloves of garlic. Season with salt and pepper, then cook for 10 minutes stirring regularly with the spatula. Add the duck thighs and let this all cook for a further 10 minutes. At the very last minute, add the finely chopped parsley and serve with a green salad.

Marinated lamb chops with herby couscous

Côtes d'agneau marinées

et semoule aux herbes

15 · 30 · 15 · 4

12 côtes d'agneau
300 g de semoule de couscous
1 citron
2 c. à c. d'herbes de Provence
2 c. à s. d'huile d'olive
20 g de beurre
2 c. à s. de menthe
et coriandre ciselées
Sel et poivre

12 lamb chops
300g of couscous
1 lemon
2 teaspoons of mixed herbs
2 tablespoons of olive oil
20g of butter
2 tablespoons of finely
chopped mint and coriander
Salt and pepper

Faites mariner 30 min les côtes d'agneau dans le jus d'un citron avec 1 c. à s. d'huile et 2 c. à c. d'herbes de Provence.
Disposez la semoule dans un plat. Versez dessus 30 cl d'eau bouillante salée.
Laissez-la gonfler 10 min puis égrainez-la avec une fourchette en ajoutant le beurre.
Mélangez-la aux herbes ciselées et réservez.
Préchauffez la plancha à mi-puissance.
Faites griller l'agneau 2 à 3 min par face.
Salez, poivrez et servez aussitôt.

Marinate the lamb chops for 30 minutes in the lemon juice with 1 tablespoon of olive oil and 2 teaspoons of mixed herbs.
Put the dry couscous into a dish, then pour over 30cl of boiling salted water.
Leave for about 10 minutes to ensure all the liquid has been absorbed, then fluff with a fork and add the butter.
Mix in the finely chopped herbs and put to one side.
Preheat the griddle on a medium setting.
Grill the lamb chops about 2 to 3 minutes per side.
Season with salt and pepper, then serve immediately.

Rib of beef with onion chutney

Côte de bœuf
et compotée d'oignons

1 côte de bœuf d'1 kg
2 oignons
30 g de beurre demi-sel
2 c. à s. de vinaigre de Xérès
15 cl d'eau
1 c. à c. de sucre en poudre
2 feuilles de laurier
Sel et poivre

1 rib of beef of about 1kg
2 onions
30g of slightly salted butter
2 tablespoons of sherry vinegar
15cl of water
1 teaspoon of granulated sugar
2 bay leaves
Salt and pepper

Préchauffez la plancha à demi-puissance. Ciselez les oignons. Faites-les revenir 10 min au beurre, dans une casserole à fond épais sur la plancha. Ajoutez le vinaigre, le sucre, le laurier et l'eau, puis continuez la réduction pendant 15 min. Réservez. Augmentez la puissance de la plancha au maximum. Faites-y cuire la côte de bœuf 10 min environ par face, suivant son épaisseur et la cuisson désirée. Salez, poivrez, puis une fois cuite, laissez-la reposer 10 min avant de la couper en tranches.

Preheat the griddle to a medium temperature.
Finely chop the onions and fry them in butter in a heavy-bottomed pan on the griddle for 10 minutes. Add the vinegar, the sugar, the bay leaves and the water, and continue to reduce the liquid for 15 minutes.
Put to one side.
Turn the griddle up to full temperature.
Cook the rib of beef for about 10 minutes each side, depending on the thickness and personal preference.
Season with salt and pepper, once its cooked, leave it for 10 minutes before slicing.

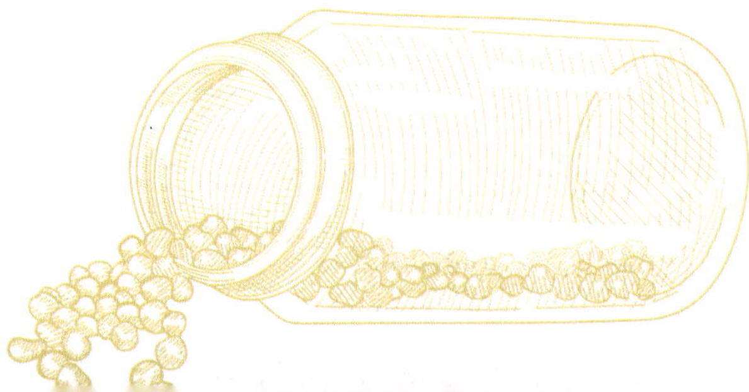

Lacquered pork ribs

Ribs de porc laqués

1,5 kg de ribs de porc
2 citrons verts
10 g de gingembre
8 c. à s. de sauce soja
2 c. à s. d'huile de colza
2 c. à s. de miel
2 c. à s. de coriandre ciselée
250 g de riz à sushis
3 c. à s. de sésame noir

1.5kg of fresh pork ribs
2 limes
10g of ginger
8 tablespoons of soya sauce
2 tablespoons of rapeseed oil
2 tablespoons of honey
2 tablespoons of finely chopped coriander
250g sushi rice
3 tablespoons of black sesame seeds

Coupez les ribs le long des os.
Faites-les mariner 30 min dans le jus de citron avec l'huile, le miel, la sauce soja et le gingembre râpé.
Faites cuire le riz dans une casserole avec 35 cl d'eau, 10 min à couvert.
Éteignez le feu, laissez refroidir 15 min puis formez des boulettes et roulez-les dans le sésame.
Déposez les ribs sur la plancha chauffée à petite puissance et laissez-les cuire 20 à 25 min en les retournant souvent.
En fin de cuisson ajoutez les boulettes puis servez avec la coriandre.

Slice the ribs along the length of the bone.
Marinate them for 30 minutes in the lemon juice, oil, the soya sauce and grated ginger.
Cover and cook the rice in 35cl of water for 10 minutes. Remove from the heat and allow it to cool for 15 minutes, then make small balls and roll them in the sesame seeds.
Preheat the griddle on a low setting, cook the ribs for about 20 to 25 minutes, turning them regularly.
At the end of the cooking, serve with the balls of rice and a sprinkling of coriander.

Stir-fry chicken with vegetables

Wok de poulet aux légumes

2 filets de poulet
1 courgette
2 poivrons
1 oignon
200 g de champignons
2 c. à s. de coriandre ciselée
1 tablette de bouillon pour wok
1 c. à s. de sauce soja
4 c. à s. d'huile de colza
Sel et poivre

2 chicken fillets
1 courgette
2 red peppers
1 onion
200g of mushrooms
2 tablespoons of finely chopped coriander
1 stock cube, special stir-fry
1 tablespoon of soya sauce
4 tablespoons of rapeseed oil
Salt and pepper

Émincez les légumes et détaillez les filets de poulet en gros dés.
Faites dorer 3 min le poulet et l'oignon dans un wok antiadhésif avec l'huile. Poivrez et réservez.
Versez les légumes et 15 cl d'eau. Ajoutez la tablette de bouillon et la sauce soja. Laissez cuire à feu vif 4 min environ, les légumes doivent rester croquants. Ajoutez les morceaux de poulet et poursuivez la cuisson 1 min.
Rectifiez l'assaisonnement, parsemez de coriandre et servez bien chaud avec un riz thaï.

Thinly slice the vegetables and cut the chicken into large cubes.
In a non-stick wok, brown off the chicken and the onion for about 3 minutes in a little oil. Season with pepper and put them in a bowl to one side.
Put the vegetables into the wok with 15cl of water. Add the stock cube and the soya sauce. Allow this to cook on a low heat for about 4 minutes, the vegetables must still be a little crunchy.
Include the chicken pieces and continue cooking for a further 1 minute.
Season, sprinkle over with coriander and serve piping hot with Thai rice.

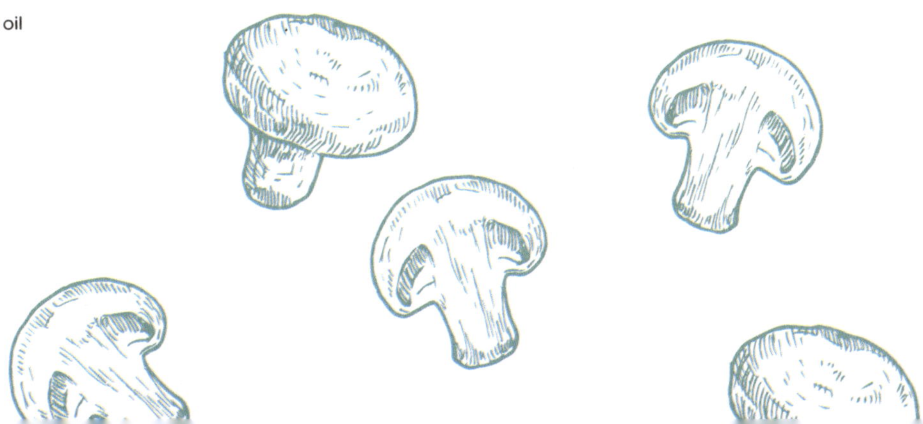

Pad Thai with prawns

Pad thaï aux crevettes

300 g de crevettes décortiquées
250 g de nouilles chinoises
2 poivrons
1 oignon
4 c. à s. de coriandre ciselée
2 c. à s. de sauce soja
4 c. à s. d'huile de colza
1 c. à c. de pâte de curry thaï
Sel

300g of peeled prawns
250g of Chinese noodles
2 red peppers
1 onion
4 tablespoons of finely chopped coriander
2 tablespoons of soya sauce
4 tablespoons of rapeseed oil
1 teaspoon of Thai curry paste
Salt

Portez une casserole d'eau salée à ébullition. Versez-y les nouilles et laissez-les cuire 3 min. Égouttez-les et séparez-les avec une fourchette.
Émincez les poivrons et l'oignon.
Versez l'huile et la pâte de curry dans une sauteuse. Faites revenir les légumes à feu moyen pendant 7 min.
Ajoutez les crevettes, les nouilles et la sauce soja. Continuez la cuisson encore 2 min à feu vif en mélangeant bien.
Parsemez de coriandre et servez bien chaud.

Bring a pan of salted water to the boil, add the noodles and cook for 3 minutes. Drain then separate with a fork.
Thinly slice the peppers and onion.
Pour the oil and the curry paste into a frying pan. Incorporate the vegetables and cook on a medium heat for 7 minutes.
Add the prawns, the noodles and the soya sauce. Continue cooking for a further 2 minutes on a high heat, stirring well.
Sprinkle with coriander and serve hot.

Easy fish couscous

Couscous express au poisson

1,2 kg de poisson (dorade, rouget)
350 g de couscous
1 oignon
1 fenouil
3 carottes
2 courgettes
1 boîte de pois chiches
6 c. à s. de pulpe de tomate
2 c. à s. d'épices pour couscous
1 c. à c. d'harissa
4 c. à s. d'huile d'olive
Thym
Sel et poivre

**1.2kg of fish
(seabream, red mullet)
350g couscous
1 onion
1 fennel
3 carrots
2 courgettes
1 tin of chickpeas
6 tablespoons of tomato puree
2 tablespoons of couscous spices
1 teaspoon of harissa
4 tablespoons of olive oil
Thyme
Salt and pepper**

Préparez la semoule en suivant les indications du paquet.
Épluchez et coupez les légumes.
Faites-les cuire 30 min dans 1,5 l d'eau bouillante salée en ajoutant la pulpe de tomate, les pois chiches, les épices et l'harissa.
Réchauffez la semoule au-dessus de la vapeur pendant 15 min.
Pendant ce temps, faites cuire le poisson 15 min au four ou à la plancha, avec le thym et l'huile.
Servez bien chaud dans un plat avec le bouillon à part.

Follow the instructions on the packet to prepare the couscous.
Peel and chop the vegetables.
Cook them for 30 minutes in 1.5 litres of boiling, salted water, also add the tomato puree, the chickpeas and the harissa.
Reheat the couscous above the steam, for about 15 minutes.
During which, bake or griddle cook the fish for 15 minutes, with the thyme and oil.
Serve hot in a dish, with the sauce separate.

Chili sin carne

Chili sin carne

15 | 35 | 4

1 grande boîte
de haricots rouges
1 boîte de maïs
1 boîte de tomates entières
dans leur jus
2 oignons
2 gousses d'ail
3 c. à s. d'huile d'olive
1 c. à c. de cumin
2 c. à c. de paprika
1 c. à c. de tabasco
2 c. à s. de crème fraîche
50 g d'emmenthal râpé
Sel et poivre

1 large tin of red kidney beans
1 tin of sweetcorn
1 tin of whole tomatoes in juice
2 onions
2 cloves of garlic
3 tablespoons of olive oil
1 teaspoon of cumin
2 teaspoons of paprika
1 teaspoon of Tabasco®
2 tablespoons of fresh cream
50g of grated Emmental
Salt and pepper

Faites revenir les oignons et l'ail émincés dans une sauteuse avec l'huile.
Au bout de 5 min, ajoutez les épices, le tabasco et le maïs.
Salez, poivrez, versez les tomates puis 40 cl d'eau chaude.
Laissez cuire 15 min puis ajoutez les haricots égouttés.
Au bout de 15 min de plus, servez bien chaud avec de la crème fraîche, du fromage râpé et un riz blanc.

Gently fry the chopped onion and garlic in a frying pan with some oil.
After 5 minutes, add the spices, the Tabasco® and the sweetcorn.
Season with salt and pepper, add the tomatoes and 40cl of hot water.
Cook for 15 minutes then include the drained beans.
After a further 15 minutes, serve piping hot with the fresh cream, grated cheese and white rice.

Chicken curry

Curry de poulet

3 filets de poulet
2 courgettes
1 pomme
1 oignon
2 gousses d'ail
1 boîte de dés de tomates au jus
25 cl de lait de coco
2 c. à s. de curry
2 c. à s. de coriandre ciselée
3 c. à s. d'huile de coco
Sel et poivre

3 chicken fillets
2 courgettes
1 apple
1 onion
2 cloves of garlic
1 tin of chopped tomatoes, with juice
25cl of coconut milk
2 tablespoons of curry
2 tablespoons of finely chopped coriander
3 tablespoons of coconut oil
Salt and pepper

Émincez les oignons et l'ail. Coupez les courgettes et la pomme en gros dés, et le poulet en morceaux.
Faites chauffer l'huile dans une sauteuse. Versez-y l'oignon, l'ail et le poulet. Laissez dorer 2 min puis ajoutez le curry, les dés de courgette et de pomme. Salez, poivrez et laissez cuire 3 min.
Versez les tomates, le lait de coco et 25 cl d'eau. Couvrez et laissez cuire 25 min à feu doux.
Servez avec la coriandre et un riz basmati aux amandes.

Finely chop the onions and garlic. Cut the courgettes and apple into large cubes, and the chicken into pieces. Heat the oil in a frying pan. Brown the onion, garlic and chicken for 2 minutes then add the curry, the courgette and the apple cubes. Season with salt and pepper and let it cook for 3 minutes. Incorporate the tomatoes, coconut milk and 25cl of water, leaving it to cook on a low temperature for 25 minutes. Sprinkle with coriander and serve with basmati rice and almonds.

Lentil casserole with duck confit

Confit de canard
aux lentilles

4 cuisses de confit de canard
400 g de lentilles vertes
2 carottes
4 oignons nouveaux
1 branche de céleri
1 bouillon de volaille
1 bouquet garni
Sel et poivre

4 duck thighs confit
400g of green lentils
2 carrots
4 spring onions
1 branch of celery
1 chicken stock cube
1 bouquet garni
Salt and pepper

Coupez les légumes en tronçons et les carottes en rondelles.
Dorez les cuisses 5 min dans une poêle côté peau, puis réservez-les.
Faites cuire les lentilles avec les légumes dans une cocotte en les recouvrant d'eau salée. Ajoutez le bouquet garni et le bouillon de volaille. Laissez cuire 15 min à feux doux.
Ajoutez les cuisses, couvrez et laissez cuire encore 10 min.
Rectifiez l'assaisonnement et servez bien chaud dans la cocotte.

Chop the vegetables into pieces and slice the carrots.
Skin side down, brown the duck thighs for 5 minutes in a pan, then put them to one side.
In a casserole dish, cover the lentils and vegetables with salted water, add the bouquet garni and the chicken stock and cook for about 15 minutes on a low heat.
Incorporate the duck, cover and cook for a further 10 minutes.
Season and serve piping hot, directly from the casserole dish.

Fish casserole

Pot-au-feu de la mer

800 g de poisson (merlu, cabillaud, maquereau, merlan...)
150 g de petites pommes de terre nouvelles
2 carottes
1 courgette
1 poireau
1 fenouil
1 branche de céleri
12 radis
1 bouquet garni
Sel et poivre

800g of fish (hake, cod, mackerel, whiting)
150g of small new potatoes
2 carrots
1 courgette
1 leek
1 fennel
1 branch of celery
12 radishes
1 bouquet garni
Salt and pepper

Lavez et coupez les légumes en tronçons.
Préparez les poissons en les détaillant en gros morceaux ou en tranches.
Versez les légumes et le bouquet garni dans une cocotte en les recouvrant d'eau salée. Laissez cuire 30 min à couvert.
Ajoutez les morceaux de poisson, baissez le feu et laissez cuire encore 10 à 15 min.
Servez dans un grand plat avec du poivre du moulin, de la fleur de sel, de belles tranches de pain de campagne et... des cornichons !

Wash and chop the vegetables into pieces.
Prepare the fish, either into large pieces or slices.
Put the vegetables and the bouquet garni in a casserole dish, covered with salted water. Cover and cook for 30 minutes.
Reduce the heat and add the pieces of fish, cook for a further 10 to 15 minutes.
Season with ground pepper and fleur de sel, then serve in a large dish with thick slices of farmhouse bread and ... gherkins!

Sausage rougail

Rougail saucisses

4 saucisses fumées
2 oignons
2 gousses d'ail
6 tomates
10 g de gingembre frais
1 c. à c. de piment de Cayenne
1 tablette de bouillon bouquet garni
3 c. à s. d'huile de colza
Sel et poivre

4 smoked sausages
2 onions
2 cloves of garlic
6 tomatoes
10g of fresh ginger
1 teaspoon of Cayenne pepper
1 bouquet garni stock cube
3 tablespoons of rapeseed oil
Salt and pepper

Faites blanchir les saucisses 5 min puis coupez-les en rondelles.
Râpez les oignons, l'ail et le gingembre.
Coupez les tomates en petits dés.
Faites dorer les oignons dans une sauteuse avec l'huile. Ajoutez les saucisses, l'ail, les tomates et le gingembre. Salez et poivrez.
Émiettez la tablette de bouillon, saupoudrez de piment. Versez un petit verre d'eau, couvrez et laissez-cuire 35 min.
En fin de cuisson, la sauce doit être rouge et épaisse.
Servez bien chaud avec un riz créole et des haricots rouges.

Blanche the sausages for 5 minutes, then slice.
Grate the onions, garlic and ginger.
Chop the tomatoes into small cubes.
Brown the onions in a frying pan with the oil. Add the sausages, the garlic, the tomatoes and the ginger. Season with salt and pepper.
Crumble in the stock cube and sprinkle over the Cayenne pepper. Add a small glass of water, cover and cook for 35 minutes.
Towards the end of the cooking time the sauce should be thick and red.
Serve piping hot with creole red beans and rice.

Vegetarian lasagne

Lasagnes végétariennes

6 feuilles de lasagnes
1 oignon
2 courgettes
2 poivrons
1 aubergine
2 tomates
2 gousses d'ail
100 g de parmesan
Herbes de Provence
4 c. à s. d'huile d'olive
30 g de farine
30 g de beurre
70 cl de lait
Sel et poivre

6 lasagne sheets
1 onion
2 courgettes
2 red peppers
1 aubergine
2 tomatoes
2 cloves of garlic
100g of parmesan
Mixed herbs
4 tablespoons of olive oil
30g of flour
30g of butter
70cl of milk
Salt and pepper

Faites revenir dans l'huile les légumes coupés en dés pendant 20 min, avec l'ail et les herbes.
Chauffez le beurre dans une casserole. Versez la farine en remuant puis le lait petit à petit, sans cesser de remuer. Laissez cuire 10 min pour épaissir la sauce puis ajoutez le parmesan.
Déposer 2 feuilles de lasagne côte à côte dans un plat beurré.
Versez une couche de légumes et une couche de béchamel. Recommencez l'opération pour finir par une couche de béchamel.
Enfournez et laissez cuire 30 min.

Gently fry the diced vegetables, garlic and herbs for 20 minutes in oil.
Melt the butter in a pan. Stir in the flour then little by little add the milk, stirring continuously. Let it thicken for about 10 minutes then incorporate the parmesan.
Place 2 lasagne sheets side by side in a buttered oven dish.
Spoon in a layer of vegetables and a layer of the bechamel sauce. Keep repeating this whole action and finish with a layer of bechamel sauce.
Cook in the oven for 30 minutes.

Spaghetti with anchovies and lemon

Spaghetti aux anchois
et au citron

400 g de spaghetti
100 g de filets d'anchois marinés à l'huile
20 cl de crème liquide
2 c. à s. de câpres
1 citron bio
Basilic
50 g de parmesan râpé
Sel et poivre

400g of spaghetti
100g of anchovy fillets in oil
20cl of liquid cream
2 tablespoons of capers
1 organic lemon
Basil
50g of grated parmesan
Salt and pepper

Zestez puis pressez le citron.
Versez le jus dans une casserole en ajoutant les câpres, les zestes et 20 cl de crème liquide.
Couvrez et faites chauffer doucement la sauce.
Faites cuire les spaghetti 8 à 10 min dans une seconde casserole d'eau bouillante salée.
Égouttez les pâtes puis incorporez-les à la sauce en ajoutant les anchois.
Poivrez et salez modérément.
Servez aussitôt avec le parmesan et quelques feuilles de basilic.

Grate the zest then squeeze the lemon.
Pour the juice into a pan then add the capers, the zest and 20cl of liquid cream.
Cover and gently heat the sauce.
In another pan cook the spaghetti in boiling, salted water for 8 to 10 minutes.
Drain the pasta and stir them into the sauce, then include the anchovies.
Season sparingly with salt and pepper.
Serve immediately with the parmesan and a few basil leaves.

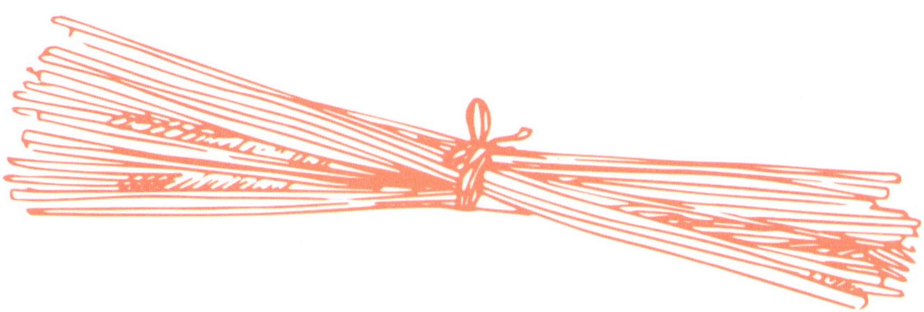

Mediterranean vegetables penne

Penne aux légumes du soleil

100 g de chorizo
320 g de penne
150 g de tomates cerises
1 courgette
1 oignon
2 gousses d'ail
8 olives noires
1 c. à c. d'herbes de Provence
Parmesan râpé
3 c. à s. d'huile d'olive
Sel et poivre

100g of chorizo
320g of penne pasta
150g of cherry tomatoes
1 courgette
1 onion
2 cloves of garlic
8 black olives
1 teaspoon of mixed herbs
Grated parmesan
3 tablespoons of olive oil
Salt and pepper

Faites cuire les pâtes 10 min.
Émincez l'oignon et l'ail.
Détaillez la courgette en dés et le chorizo en rondelles.
Égouttez les pâtes et mélangez-les dans un saladier avec 1 c. à s. d'huile.
Faites chauffer 2 c. à s. d'huile dans une grande poêle.
Versez l'oignon, l'ail, les tomates, les courgettes et les olives. Laissez cuire 2 min.
Salez et poivrez.
Ajoutez les penne et le chorizo.
Laissez cuire 2 min.
Saupoudrez d'herbes.
Servez bien chaud avec du parmesan râpé.

Cook the pasta for 10 minutes.
Finely chop the onion and garlic.
Cut the courgette into cubes and slice the chorizo.
Drain off the pasta and transfer to a large bowl with a drizzle of olive oil.
Heat 2 tablespoons of olive oil in a large frying pan.
Add the onion, the garlic, tomatoes, courgettes and olives. Cook for 2 minutes. Season with salt and pepper.
Add the penne pasta and the chorizo, cook for 2 minutes.
Sprinkle with mixed herbs.
Serve piping hot, topped with grated parmesan.

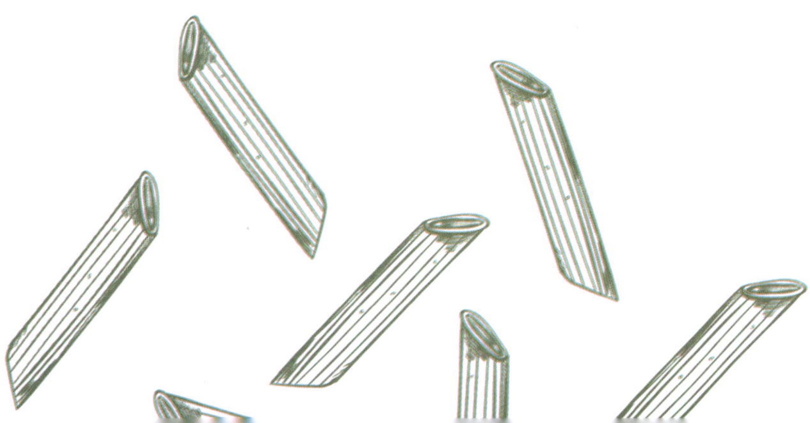

Mac and cheese

Mac and cheese

15 45 4

400 g de macaroni
40 g de beurre
4 c. à s. de farine
70 cl de lait
100 g de cheddar
Sel et poivre

400g of macaroni
40g of butter
4 tablespoons of flour
70cl of milk
100g of cheddar cheese
Salt and pepper

Faites cuire les macaroni 8 min dans une casserole d'eau bouillante salée. Égouttez-les, ajoutez 10 g de beurre et versez-les dans un plat à gratin.
Préchauffez le four à la température maximum.
Faites fondre 30 g de beurre dans une casserole. Ajoutez la farine en une seule fois et remuez jusqu'à obtenir un mélange lisse. Incorporez le lait petit à petit sans cesser de remuer.
Continuez la cuisson 5 à 10 min jusqu'à l'épaississement de la sauce. Ajoutez le cheddar en petits morceaux tout en continuant à remuer.
Versez la béchamel sur les pâtes, enfournez et laissez cuire 25 min.
Servez aussitôt.

Cook the macaroni for 8 minutes in a pan of boiling, salted water.
Drain and mix in 10g of butter then spoon into an oven dish.
Preheat the oven to the highest temperature.
Melt 30g of butter in a pan. In one go, add the flour and stir until smooth.
Little by little incorporate the milk stirring continuously.
Continue for 5 to 10 minutes until the sauce thickens. Add the cubed cheddar while stirring continuously.
Pour the sauce over the cooked macaroni and oven cook for 25 minutes.
Serve immediately.

8 idées de sauce pour mes pâtes

Sauce bolognaise : faites revenir l'oignon, l'ail et 250 g de bœuf haché. Ajoutez 1 boîte de pulpe de tomates, un filet d'huile d'olive, 1 bouquet garni et 30 cl d'eau. Laissez mijoter 30 min.

Sauce arrabiata : faites revenir l'oignon, l'ail et ½ c. à c. de piment de Cayenne. Ajoutez 1 boîte de pulpe de tomates, un filet d'huile d'olive, de l'origan, 1 sucre, 1 c. à s. de vinaigre balsamique et 30 cl d'eau. Laissez mijoter 30 min.

Sauce gremolata : prélevez les zeste d'un citron et d'une orange puis pressez leur pulpe. Écrasez 2 filets d'anchois et 1 gousse d'ail puis mélangez le tout avec 50 g de beurre mou.

Sauce au parmesan : faites chauffer doucement 30 cl de crème liquide avec 80 g de parmesan et 10 cl de vin blanc sec.

Sauce à l'ail, au citron et à l'huile d'olive : faites chauffer doucement 10 cl d'huile d'olive avec 2 gousses d'ail écrasées, le zeste d'un citron et 1 c. à s. de vinaigre blanc.

Sauce aux fruits de mer : faites revenir une échalote et 50 g de champignons hachés dans 2 c. à s. d'huile d'olive. Ajoutez 200 g de fruits de mer, 25 cl de crème liquide et 10 cl de vin blanc sec. Laissez chauffer à feu très doux.

Sauce au pesto de roquette : mixez 50 g de roquette avec 50 g de parmesan, 2 c. à s. de pignons, 1 gousse d'ail et 10 cl d'huile d'olive.

Sauce carbonara : faites dorer les lardons puis mélangez-les à 4 jaunes d'œufs et 50 g de parmesan râpé.

8 ideas for pasta sauce

Bolognese sauce: gently fry the onion, garlic and 250g of minced beef. Add 1 tin of chopped tomatoes, a drizzle of olive oil, 1 bouquet garni and 30cl of water. Simmer gently for 30 minutes.

Arrabbiata sauce: gently fry the onion, the garlic and ½ a teaspoon of Cayenne pepper. Add 1 tin of chopped tomatoes, a drizzle of olive oil, oregano, 1 teaspoon of sugar, 1 tablespoon of balsamic vinegar and 30cl of water. Simmer gently for 30 minutes.

Gremolata sauce: zest 1 lemon and 1 orange, then squeeze them. Mash the anchovies with the crushed garlic then mix with 50g of soft butter.

Parmesan sauce: gently heat 30cl of liquid cream, 10cl of white wine and 80g of parmesan.

Lemon, garlic and olive oil sauce: gently heat 10cl of olive oil with 2 crushed cloves of garlic, the zest from 1 lemon and 1 tablespoon of white vinegar.

Seafood sauce: gently fry 1 shallot and 50g of chopped mushrooms in 2 tablespoons of olive oil. Add 200g of seafood, 25cl of liquid cream and 10cl of dry, white wine. Heat at a very low temperature.

Rocket pesto sauce: blend 50g of rocket with 50g of parmesan, 2 tablespoons of pine nuts, 1 clove of garlic and 10cl of olive oil.

Carbonara sauce: brown off the diced bacon then mix it into 4 raw egg yolks with 50g of grated parmesan.

Quick and easy paella

Paella express

250 de riz long étuvé
16 rondelles de chorizo
1 filet de poulet coupé en dés
200 g de crevettes décortiquées
1 oignon
1 gousse d'ail
1 courgette
100 g de tomates cerise
100 g de petits pois
Épices pour paella
5 c. à s. d'huile d'olive
Sel et poivre

250g of partly cooked long-grain rice
16 slices of chorizo
1 chicken fillet, cut into cubes
200g of peeled prawns
1 onion
1 clove of garlic
1 courgette
100g of cherry tomatoes
100g of garden peas
Paella seasoning
5 tablespoons of olive oil
Salt and pepper

Faites chauffer l'huile dans une sauteuse Faites dorer l'oignon émincé 2 min. Ajoutez le riz, le chorizo, le poulet et les épices. Continuez la cuisson 3 min en mélangeant. Salez et poivrez.
Ajoutez les dés de courgette, l'ail émincé et les tomates cerises. Versez 75 cl d'eau chaude et laissez cuire 15 min à couvert jusqu'à l'absorption du bouillon.
Ajoutez les crevettes, les petits pois et laissez cuire encore 5 min avant de servir.

Heat the oil in a frying pan.
Brown off the finely chopped onion.
Add the rice, the chorizo, the chicken and the paella seasoning.
Continue cooking for 3 minutes, stirring continuously. Season with salt and pepper.
Incorporate the courgette, the finely chopped garlic and the cherry tomatoes. Pour in 75cl of hot water and cover and cook for about 15 minutes, until the liquid is fully absorbed.
Add the prawns, the peas and cook for a further 5 minutes.

Cantonese egg-fried rice

Riz cantonnais

300 g de riz cuit
4 tranches de jambon
4 œufs
1 oignon
1 petite boîte de petits pois
4 c. à s. d'huile de colza
Sauce soja
Sel et poivre

300g of cooked rice
4 slices of ham
4 eggs
1 onion
1 small tin of garden peas
4 tablespoons of rapeseed oil
Soya sauce
Salt and pepper

Épluchez et râpez l'oignon.
Coupez les tranches de jambon en dés.
Égouttez et rincez les petits pois.
Faites revenir l'oignon dans une grande sauteuse avec 3 c. à s. d'huile pendant 3 min.
Ajoutez les dés de jambon.
Versez le riz en mélangeant bien.
Laissez cuire 10 min à feu doux.
Préparez une omelette avec 4 œufs et 1 c. à s. d'huile, puis coupez-la en petits morceaux. Versez-les dans le riz en ajoutant les petits pois.
Mélangez et servez bien chaud avec de la sauce soja.

Peel and grate the onion.
Chop the ham into small pieces.
Drain and rinse the peas.
In a large frying pan, heat the onion with 3 tablespoons of oil for 3 minutes, then add the ham.
Incorporate the rice stirring continuously. Cook on a low heat for 10 minutes.
Make an omelette with the 4 eggs, cooked in 1 teaspoon of oil, then cut into small pieces. Add this, along with the peas, into the rice. Stir and serve piping hot with soya sauce.

Seafood risotto

Risotto aux fruits de mer

350 g de riz à risotto
300 g de coquillages cuits
1 tablette de bouillon de légumes
1 carotte
2 échalotes
60 g de parmesan
3 c. à s. d'huile d'olive
Sel et poivre

350g of risotto rice
300g cooked seafood
1 vegetable stock cube
1 carrot
2 shallots
60g of parmesan
3 tablespoons of olive oil
Salt and pepper

Versez 85 cl d'eau dans une casserole avec la tablette de bouillon. Salez et poivrez.
Émincez finement les échalotes et la carotte. Faites-les revenir dans une cocotte avec l'huile. Ajoutez le riz et laissez cuire 2 à 3 min pour qu'il devienne translucide.
Arrosez d'une petite louche de bouillon, continuez la cuisson puis ajoutez-en encore, petit à petit, pendant 15 min.
Versez-y les coquillages à mi-cuisson.
Au bout de 18 min, ajoutez le parmesan et mélangez bien jusqu'à l'obtention d'un aspect crémeux.

Put 85cl of water into a pan and stir in the stock cube. Season with salt and pepper.
Finely chop the shallots and the carrot, and fry them off gently in a large pan, in oil. Add the rice and allow to cook for a further 2 to 3 minutes, until the rice becomes translucent.
Pour in one small ladle of the stock, and continue to add a little at a time, cooking for 15 minutes.
Include the seafood halfway through.
After about 18 minutes add the parmesan and mix well to obtain a creamy texture.

Fish brandade

Brandade de poisson

1 kg de pommes de terre
600 g de filets de poisson blanc
2 échalotes ciselées
2 gousses d'ail
15 cl de crème liquide
10 rondelles de chorizo hachées
4 c. à s. d'huile d'olive
5 c. à s. de chapelure
Sel et poivre

1kg of potatoes
600g of white fish fillets
2 shallots, finely chopped
2 cloves of garlic
15cl of liquid cream
10 slices of chorizo, finely chopped
4 tablespoons of olive oil
5 tablespoons of breadcrumbs
Salt and pepper

Faites cuire les pommes de terre 20 min dans une casserole d'eau bouillante salée avec les échalotes et les gousses d'ail.
Baissez le feu, ajoutez les filets de poisson et continuez la cuisson 10 min.
Épluchez les pommes de terre et écrasez-les dans un plat en ajoutant l'huile, la crème et le poisson émietté. Mélangez bien en ajoutant l'ail écrasé et le chorizo. Salez, poivrez et saupoudrez le plat de chapelure. Passez 10 min à four chaud.

Cook the potatoes, the shallots and the garlic in a pan of boiling, salted water for 20 minutes.
Reduce the heat and incorporate the fish, continue to cook for 10 minutes.
Peel the potatoes then crush them into a large dish adding the oil, the cream and the flaked fish. Add the crushed garlic and the chorizo and mix well.
Season with salt and pepper then top with breadcrumbs.
Bake in a very hot oven for 10 minutes.

Bacon and potato terrine

Terrine de pommes de terre au lard

10 | 1h10 | 4

800 g de pommes de terre Bintje
12 fines tranches de lard fumé
5 c. à s. de crème fraîche épaisse
150 g de comté
ou d'emmental râpé
Sel et poivre

800g of Binjte potatoes
(or equivalent)
12 thin slices of smoked bacon
5 tablespoons
of thick fresh cream
150g of grated Comté
or Emmental cheese
Salt and pepper

Épluchez et coupez les pommes de terre en fines tranches. Essuyez-les avec un torchon. Disposez les tranches de lard sur le pourtour d'un plat rond allant au four, puis en rosace sur le fond.
Disposez une première couche de pommes de terre en escargot, salez, poivrez, étalez par-dessus 1 c. à .s de crème et ajoutez le fromage.
Recommencez l'opération 5 fois pour arriver en haut du plat. Finissez avec du fromage puis emballez le plat dans du papier aluminium et laissez cuire 50 min à four chaud.
Retirez l'aluminium et continuez la cuisson 20 min.

Peel and thinly slice the potatoes. Dry them off with a clean tea-towel. Line a round oven dish with the slices of bacon, creating a rosette shape in the bottom.
Arrange a first layer of potatoes in a spiral, season with salt and pepper, then spread over 1 tablespoon of cream and a sprinkle of cheese.
Repeat this whole process 5 times, up to the top of the dish. Finish off with cheese then wrap in foil and cook in a hot oven for 50 minutes.
Remove the foil and continue cooking for a further 20 minutes.

Potatoes stuffed with tuna

Pommes de terre farcies au thon

15 50 4

4 grosses pommes de terre
15 g de farine
15 g de beurre
35 cl de lait
1 c. à s. de zeste de citron
1 grande boîte de thon au naturel
50 g de fromage râpé
Sel et poivre

4 large potatoes
15g of flour
15g of butter
35cl of milk
1 tablespoon of lemon zest
1 large tin of tuna in brine
50g of grated cheese
Salt and pepper

Faites cuire les pommes de terre 30 min dans de l'eau bouillante salée.
Pendant ce temps, préparez la béchamel : chauffez le beurre et le zeste dans une casserole. Versez la farine en remuant, puis le lait petit à petit sans cesser de mélanger. Faites cuire 10 min pour épaissir la sauce, salez, poivrez et ajoutez le thon et le fromage râpé.
Coupez les pommes de terre en 2 et évidez-les. Incorporez leur chair écrasée à la béchamel
puis farcissez-les et enfournez-les 10 min sous le gril.

Cook the potatoes in boiling, salted water for 30 minutes.
During this time, prepare the bechamel sauce: heat the butter and the zest in a pan, stir in the flour, then add the milk a little at a time, stirring continuously. Allow this to thicken for 10 minutes, season with salt and pepper and add the tuna and grated cheese.
Halve the potatoes, scoop out the insides and mash this into the bechamel sauce. Spoon this back into the potato skins and cook under the grill for 10 minutes.

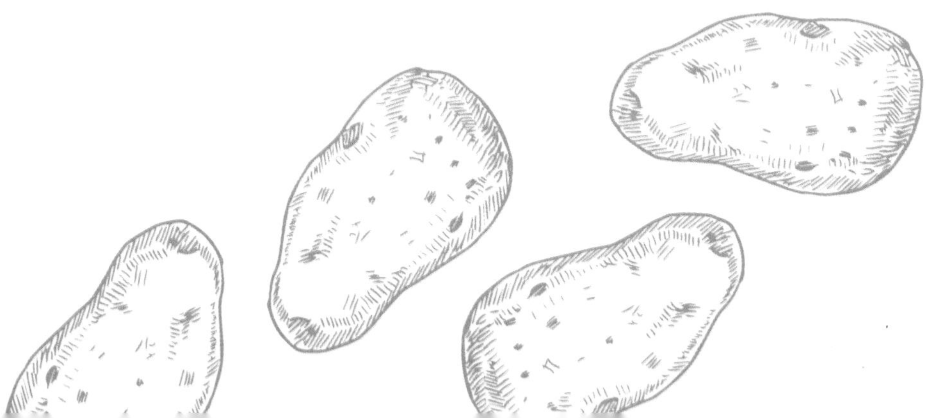

Spanish omelette with peppers and chorizo

Tortilla poivron et chorizo

16 rondelles de chorizo
8 œufs
2 poivrons
1 oignon
1 gousse d'ail
8 olives noires
2 c. à s. d'huile d'olive
1 c. à c. de piment d'Espelette
Sel

16 slices of chorizo
8 eggs
2 peppers
1 onion
1 clove of garlic
8 black olives
2 tablespoons of olive oil
1 teaspoon of Espelette chilli pepper
Salt

Préchauffez le four en position grande flamme.
Détaillez les poivrons en petits dés.
Émincez l'oignon et écrasez la gousse d'ail.
Faites revenir le tout 5 min dans une poêle antiadhésive avec 2 c. à s. d'huile.
Cassez et fouettez les œufs dans un saladier, ajoutez les légumes, salez et saupoudrez de piment.
Versez l'omelette dans un moule à manqué antiadhésif recouvert d'une feuille de papier cuisson et enfournez 15 min.
Laissez tiédir puis démoulez la tortilla.
Coupez-la comme un gâteau ou en gros dés.

Preheat the oven on a very high setting.
Chop the peppers into very small cubes.
Finely chop the onion and crush the garlic.
Put all of this into a non-stick pan and lightly fry in 2 tablespoons of oil, for about 5 minutes.
Break the eggs into a bowl and whisk, add the vegetables, season with salt and sprinkle in the Espelette chilli pepper.
Line a round, non-stick cake tin with baking paper, pour in the omelette mixture and oven cook for 15 minutes.
Leave it to cool before removing it from the tin.
Divide into parts or cut into large cubes.

Scrambled eggs with parmesan

Œufs brouillés au parmesan

10 œufs
10 cl de crème liquide
50 g de beurre
50 g de parmesan râpé
Sel
Poivre du moulin

10 eggs
10cl of liquid cream
50g of butter
50g of grated parmesan
Salt
Ground pepper

Cassez les œufs dans une casserole à fond épais, en ajoutant 25 g de beurre coupé en petits morceaux, la crème liquide, le sel et le poivre.
Laissez cuire à feu très doux sans cesser de fouetter les œufs jusqu'à ce qu'ils prennent la consistance d'une crème épaisse.
Retirez la casserole du feu puis incorporez le reste de beurre et les ¾ du parmesan en continuant de fouetter.
Versez les œufs brouillés dans un bol et saupoudrez du parmesan restant.
Dégustez immédiatement avec du pain grillé et de fines tranches de poisson fumé.

Break the eggs into a heavy-bottomed pan, adding 25g of butter cut into small cubes, the cream, salt and pepper.
Cook on a very low heat, whisking continuously until they become a thick creamy texture.
Remove from the heat and incorporate the rest of the butter as well as ¾ of the parmesan, continue whisking.
Transfer the scrambled eggs to a bowl and top with the rest of the parmesan.
Enjoy this immediately, with toast and thinly sliced smoked fish.

Club sandwich

Club sandwich

6 œufs
12 tranches de pain de mie
6 c. à s. de mayonnaise
1 c. à s. de moutarde
8 tranches de jambon
Sel et poivre

6 eggs
12 slices of sandwich bread
6 tablespoons of mayonnaise
1 tablespoon of mustard
8 slices of ham
Salt and pepper

Faites-cuire les œufs 10 min dans une casserole d'eau bouillante. Plongez-les sous l'eau froide et écalez-les. Coupez-les, séparez les jaunes des blancs puis écrasez-les chacun de leur côté à la fourchette.
Toastez les tranches de pain de mie.
Mélangez la mayonnaise et la moutarde puis tartinez-en une tranche toastée.
Déposez dessus un peu de blanc d'œuf, une tranche de jambon et un peu de jaune d'œuf. Refermez avec une autre tranche et recommencez l'opération.
Piquez 2 brochettes dans chacun des 4 sandwichs et coupez-les en triangles pour obtenir 8 clubs sandwichs.

Cook the eggs for 10 minutes in a pan of boiling water. Put them into cold water and peel. Cut in half and remove the yolks from the whites then mash them both separately with a fork.
Toast the slices of bread.
Mix the mayonnaise and the mustard together then spread onto a slice of toast.
Add some of the egg whites, a slice of ham, then some of the yolks.
Add another slice of toast and repeat the same process.
Put 2 toothpicks into the 4 sandwiches, cutting each into triangles to obtain 8 club sandwiches.

Baked eggs in tomatoes

Œufs cocotte en tomates

4 grosses tomates rondes
4 œufs frais
10 biscuits apéritif au fromage
4 c. à s. de crème liquide
4 c. à c. de parmesan
Sel et poivre

4 large round tomatoes
4 fresh eggs
10 savoury cheese biscuits
4 tablespoons of liquid cream
4 teaspoons of parmesan
Salt and pepper

Préchauffez le four à mi-puissance.
Évidez les tomates. Salez l'intérieur et retournez-les pour en retirer le maximum de jus et de pulpe.
Écrasez les biscuits apéritifs et déposez-en une c. à s. au fond de chaque tomate.
Ajouter une c. à s. de crème liquide, posez les tomates dans un plat à gratin et laissez cuire 5 min.
Cassez un œuf dans chaque tomate, salez, poivrez et saupoudrez de parmesan.
Remettez au four 8 min environ et servez aussitôt avec des mouillettes de pain grillé.

Preheat the oven on a medium setting.
Scoop out the insides of the tomatoes. Season the inside with salt, turn them over to remove as much of the juice and pulp as possible.
Crumble the savoury biscuits, spooning 1 teaspoon into the bottom of each tomato.
Add one tablespoon of liquid cream and place the tomatoes into an oven dish, cook for 5 minutes.
Break an egg into each of the tomatoes, season with salt and pepper and sprinkle with parmesan.
Put this back into the oven for 8 minutes, then serve immediately with toasted bread fingers.

Sardine crumble with shallots

Crumble de sardines
aux échalotes

4 boîtes de sardines
1 bocal de confit d'échalotes
1 boîte de pommes de terre
50 g de farine de sarrasin
50 g de beurre demi-sel
4 c. à c. de vinaigre de cidre
4 c. à s. de ciboulette ciselée
Poivre

4 tins of sardines
1 jar of shallot chutney
1 tin of potatoes
50g of buckwheat flour
50g of lightly salted butter
4 teaspoons of cider vinegar
4 tablespoons of finely chopped chives
Pepper

Préparez la pâte à crumble en travaillant du bout des doigts la farine et le beurre froid en petits morceaux pour obtenir une texture sableuse.
Déposez dans 4 cassolettes : du confit d'échalote puis les pommes de terre rincées et écrasées.
Poivrez, versez une c. à c. de vinaigre et déposez dessus 4 ou 5 sardines. Ajoutez un peu de confit d'échalote et de la ciboulette ciselée.
Recouvrez de pâte à crumble et enfournez 20 min à la puissance maximum.

Prepare the crumble by rubbing together the flour and the diced, cold butter with the finger tips, to obtain an even crumble texture.
Share the shallot chutney between 4 ramekin dishes, then the rinsed, mashed potatoes.
Season with pepper, add one teaspoon of vinegar then 4 or 5 sardines.
Add a small amount of shallot chutney and chopped chives.
Finish off with the crumble mixture and cook in the oven for 20 minutes on the highest setting.

RICHE EN OMEGA3
Zone de pêche : voir sur la boîte

Oriental salad

Salade orientale

1 boîte de pois chiches
1 boîte de petites carottes
1 boîte de haricots blancs
20 olives vertes dénoyautées
2 c. à s. de raisins secs
1 gousse d'ail
2 c. à c. de miel liquide
5 c. à c. d'huile d'olive
2 c. à s. de vinaigre blanc
2 c. à s. de cumin
1 c. à c. de cannelle
1 botte de coriandre
Sel et poivre

1 tin of chickpeas
1 tin of small carrots
1 tin of white beans
20 green olives, pitted
2 tablespoons of raisins
1 clove of garlic
2 teaspoons of runny honey
5 teaspoons of olive oil
2 tablespoons of white vinegar
2 tablespoons of cumin
1 teaspoon of cinnamon
1 bunch of fresh coriander
Salt and pepper

Préparez la vinaigrette en émulsionnant l'huile avec le vinaigre et le miel. Ajoutez les épices, salez et poivrez. Rincez et égouttez les légumes. Hachez l'ail, les olives et la coriandre. Mélangez le tout dans un saladier en ajoutant les raisins secs et la vinaigrette. Rectifiez l'assaisonnement et servez bien frais.

For the vinaigrette, whisk together the oil, the vinegar and the honey to create an emulsion. Add the spices, season with salt and pepper. Rinse and drain off the vegetables. Finely chop the garlic, the olives and the coriander. Mix this all together in a large bowl, including the raisins and the vinaigrette. Season again and serve very cold.

White beans with duck gizzard confit

Haricots blancs
aux gésiers confits

1 grande boîte de haricots blancs
1 boîte de tomates entières au jus
1 boîte de gésiers
de canard confits
2 oignons
2 gousses d'ail
Thym et romarin
Sel et poivre

1 large tin of white beans
1 tin of whole tomatoes in juice
1 tin of duck gizzard confit
2 onions
2 cloves of garlic
Thyme et rosemary
Salt and pepper

Faites revenir les oignons et l'ail émincés dans une sauteuse avec les gésiers confits, le thym et le romarin.
Salez, poivrez, versez-y les tomates et 40 cl d'eau chaude.
Laissez cuire 15 min puis ajoutez les haricots égouttés.
Mélangez bien et poursuivez la cuisson encore 15 min.
Servez bien chaud.

Gently fry the chopped onions and garlic in a frying pan, as well as the gizzard confit, thyme and rosemary.
Season with salt and pepper, pour in the tomatoes and 40cl of hot water.
Allow to cook for 15 minutes then add the drained beans.
Mix well and continue cooking for a further 15 minutes.
Serve piping hot.

Very easy bowl

Bowl tout en boîte

2 boîtes de crabe
1 boîte de maïs
1 boîte de carottes
1 boîte de betterave en cubes
1 boîte d'ananas en tranches
1 boîte de pois chiches
1 bocal de germes de soja
2 c. à s. de sésame
8 c. à s. d'huile d'olive
2 c. à s. de sauce soja
Aneth
1 citron vert
Sel et poivre

2 tins of crabmeat
1 tin of sweetcorn
1 tin of carrots
1 tin of cubed beetroot
1 tin of sliced pineapple
1 tin of chickpeas
1 jar of beansprouts
2 tablespoons of sesame seeds
8 tablespoons of olive oil
2 tablespoons of soya sauce
Dill
1 lime
Salt and pepper

Égouttez et rincez les légumes.
Disposez-les joliment dans de grands bols avec la chair de crabe et les tranches d'ananas coupées en morceaux.
Émulsionnez l'huile avec le jus d'un citron vert, la sauce soja, le sel et le poivre.
Versez cette vinaigrette dans les bols.
Saupoudrez les graines de sésame, ajoutez des brins d'aneth et servez bien frais

Drain and rinse the vegetables.
Paying attention to presentation, arrange these into large bowls, then add the crabmeat, and the pineapple cut into cubes.
Whisk together the lime juice, the soya sauce, salt and pepper.
This vinaigrette can be drizzled over the bowls.
Sprinkle with sesame seeds, add a few sprigs of dill, then serve cold.

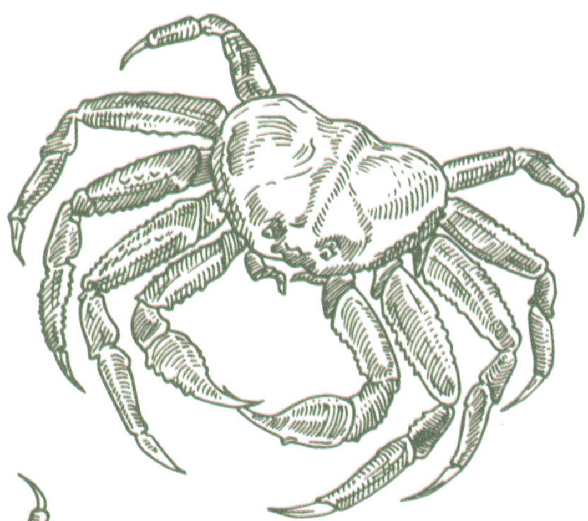

Lentil and cod liver salad

Salade de lentilles au foie de morue

4 œufs frais
2 boîtes de lentilles
1 boîte de carottes
3 boîtes de foie de morue fumé
3 c. à s. d'huile d'olive
3 c. à s. de vinaigre de cidre
1 c. à s. de persil ciselé
Sel et poivre

4 fresh eggs
2 tins of lentils
1 tin of carrots
3 tins of smoked cod liver
3 tablespoons of olive oil
3 tablespoons of cider vinegar
1 tablespoon of finely chopped parsley
Salt and pepper

Faites cuire les œufs 5 min dans une casserole d'eau bouillante salée. Placez-les dans l'eau froide puis écalez-les. Égouttez et rincez les légumes. Coupez les carottes en rondelles. Ouvrez les boîtes de foie de morue. Récupérez délicatement les morceaux et gardez l'huile à part. Émulsionnez le vinaigre, l'huile d'olive et l'huile de foie de morue. Salez et poivrez. Mélangez la vinaigrette aux légumes. Versez dans 4 bols, ajoutez quelques morceaux de foie de morue et les œufs mollets. Saupoudrez de persil ciselé.

Cook the eggs for 5 minutes in salted boiling water. Immediately put into cold water and peel them. Drain off and rinse the vegetables, and slice the carrots. Open the tins of cod liver and gently remove the pieces, keeping the oil to one side. Whisk together the vinegar, the olive oil and the cod liver oil. Season with salt and pepper. Mix the vinaigrette into the vegetables. Share into 4 bowls adding a few pieces of cod liver and the soft-boiled eggs. Sprinkle with the finely chopped parsley.

Mackerel in white wine with creamed beetroot

Maquereaux au vin blanc
à la crème de betterave

3 boîtes de maquereaux au vin blanc
1 boîte de betterave en cubes
4 tranches de pain de seigle
Quelques feuilles de mâche
1 c. à s. de crème fraîche
20 g de beurre demi-sel
2 c. à s. d'huile
1 c. à s. de vinaigre blanc
Sel et poivre

3 tins of mackerel in white wine
1 tin of cubed beetroot
4 slices of rye bread
A handful of lamb's lettuce
1 tablespoon of fresh cream
20g of lightly salted butter
2 tablespoons of oil
1 tablespoon of white vinegar
Salt and pepper

Mixez les betteraves avec la crème fraîche, l'huile et le vinaigre pour obtenir une texture lisse et onctueuse.
Salez et poivrez généreusement.
Versez la crème dans 4 assiettes creuses, ajoutez les filets de maquereaux et les croûtons revenus 3 min dans du beurre demi-sel, puis décorez les assiettes de quelques feuilles de mâche.

Blend together the beetroot, the cream, the oil and the vinegar to obtain a smooth and creamy texture.
Season generously with salt and pepper.
Spoon the cream into 4 deep plates, add the mackerel fillets and the croutons (after having gently fried them in the salted butter for 3 minutes), then decorate the plates with a few leaves of lamb's lettuce.

Energy balls with prune

Energy balls aux pruneaux

300 g de pruneaux dénoyautés
100 g de cerneaux de noix
50 g de poudre d'amandes
1 c. à c. de cannelle en poudre

300g pitted prunes
100g of walnut halves
50g of finely ground almonds
1 teaspoon of powdered cinnamon

Mixez rapidement les noix.
Ajoutez-y les pruneaux, la cannelle et la poudre d'amandes petit à petit.
Roulez dans vos mains des boulettes de la taille d'une balle de ping-pong.
Les Energy Balls se conservent une semaine dans une boîte hermétique au frais.

Quickly blend the walnuts.
Little by little include the prunes, the cinnamon and the ground almonds.
Using your hands, roll into balls, the size of a table tennis ball.
These energy balls can be kept up to week in an airtight container in the fridge.

Energy balls with dates and sesame

Energy balls datte et sésame

10 4

400 g de dattes
10 g de gingembre frais
2 c. à s. de fleur d'oranger
2 c. à s. de graines de sésame

400g of dates
10g of fresh ginger
2 tablespoons of orange blossom water
2 tablespoons of sesame seeds

Épluchez le gingembre et dénoyautez les dattes.
Mixez le tout avec la fleur d'oranger.
Formez avec les mains des boulettes de la taille d'une balle de ping-pong, puis roulez-les dans les graines de sésame.
Les energy balls se conservent une semaine dans une boîte hermétique au frais.

Pit the dates and peel the ginger.
Blending together with the orange blossom water.
With your hands, make small balls about the size of a table tennis ball, then roll them into the sesame seeds.
These energy balls can be kept up to a week in an airtight container in the fridge.

Muesli bars with honey

Barres au muesli et au miel

100 g de muesli
170 g de farine à gâteau avec levure incorporée
100 g de fruits secs (abricots, cranberries, fraises, raisins secs...)
80 g de beurre
6 c. à s. de miel
1 œuf

100g of muesli
170g of self-raising flour
100g of dried fruit (apricot, cranberries, strawberries, raisins...)
80g of butter
6 tablespoons of honey
1 egg

Mélangez le muesli avec la farine, le beurre, l'œuf et le miel.
Ajoutez les fruits secs coupés en petits morceaux.
Étalez cette pâte sur une plaque recouverte de papier cuisson puis coupez des barres de la taille souhaitée.
Enfournez et laissez cuire 18 min à mi-hauteur et four moyen.
Laissez refroidir puis conservez les barres dans une boîte hermétique.

Mix together the muesli, the flour, the butter, the egg and the honey.
Add the finely chopped dried fruit.
Spread the mixture onto an oven tray covered with baking paper, then slice into preferred size bars.
Cook in the middle of the oven on a medium heat for 18 minutes.
Allow to cool, then put the bars into an airtight container.

Chocolate chip cereal bars

Barres de céréales au chocolat

100 g de muesli aux pépites de chocolat
170 g de farine à gâteau avec levure incorporée
3 c. à s. de noisettes concassées
200 g de chocolat noir
80 g de beurre
6 c. à s. de sucre cassonade
1 œuf

100g of chocolate chip muesli
170g of self-raising flour
3 tablespoons of crushed hazelnuts
200g of dark chocolate
80g of butter
6 tablespoons of soft brown sugar
1 egg

Mélangez le muesli avec la farine, le beurre, l'œuf et le sucre.
Ajoutez les noisettes concassées.
Étalez la pâte sur une plaque recouverte de papier cuisson puis coupez des barres de la taille souhaitée.
Enfournez et laissez cuire 18 min à mi-hauteur et four moyen.
Faites fondre le chocolat au bain-marie puis trempez-y les barres avec une fourchette pour les enrober totalement.
Déposez-les sur une feuille de papier cuisson et laissez-les refroidir.

Mix together the muesli, the flour, the butter, the egg and the sugar.
Add the crushed hazelnuts.
Spread the mixture onto an oven tray covered with baking paper and cut the bars to the required size.
Bake in the middle of the oven on a medium heat for 18 minutes.
Melt the chocolate, then using a fork, dip each bar into the chocolate to cover them entirely.
Leave these to cool on a baking sheet.

Yoghurt with fruit crumble

Crumble de fruits au yaourt

150 g de granola
ou muesli aux fruits
30 g de sucre cassonade
100 g de farine
50 g de beurre
250 g de fruits de saison
(fruits rouges, pommes, poires,
mangues, bananes…)
4 yaourts grecs

150g of granola or fruit muesli
30g of soft brown sugar
100g of flour
50g of butter
250g of seasonal fruit
(red fruit, apples, pears, mango, bananas…)
4 Greek yoghurts

Mélangez du bout des doigts le muesli avec le sucre, la farine et le beurre froid en morceaux, pour obtenir une pâte granuleuse.
Coupez grossièrement les fruits puis posez-les dans le fond d'un plat.
Versez par-dessus une bonne couche de pâte et enfournez 10 min à mi-hauteur et puissance maximale.
Versez les yaourts non sucrés dans des verres bien froid puis ajoutez par-dessus 2 ou 3 c. à s. de crumble aux fruits.
Servez aussitôt pour garder le contraste chaud-froid !

With your fingers, rub in the cold, cubed butter with the muesli, the sugar and the flour, to obtain a crumbly mixture.
Cut the fruit into pieces and place into an ovenproof dish.
Spoon over a thick layer of the crumble mixture and bake in the middle of a very hot oven for 10 minutes.
Spoon the natural yoghurt into cold dessert glasses then add 2 to 3 tablespoons of the fruit crumble on top.
Serve immediately to conserve the hot/cold effect!

Roasted pineapple with crumble

Ananas rôti et son crumble

10 8 4

1 boîte d'ananas au sirop
1 c. à c. de gingembre râpé
20 g de chocolat noir
40 g de noisettes
30 g de beurre
4 sablés
2 c. à c. de cassonade
Menthe fraîche

1 tin of pineapple in syrup
1 teaspoon of grated ginger
20g of dark chocolate
40g of hazelnuts
30g of butter
4 shortbread biscuits
2 teaspoons of soft brown sugar
Fresh mint

Videz le sirop d'ananas dans une casserole posée sur la plancha. Ajoutez le gingembre et laissez réduire 3 min.
Concassez les noisettes, le chocolat, les sablés et le sucre. Mélangez-les avec le beurre pour obtenir une pâte granuleuse.
Mettez les tranches d'ananas dans la casserole pour les imbiber puis faites-les revenir 2 min par face à la plancha en les arrosant de sirop.
Ajoutez le crumble à côté et laissez cuire 1 min en le retournant avec une pelle.
Servez sur une assiette en ajoutant quelques feuilles de menthe.

Pour the pineapple syrup into a pan placed on the griddle. Add the ginger and reduce for 3 minutes.
Crush together the hazelnuts, the chocolate, the biscuits and the sugar. Rub this in with the butter to obtain a crumbly mixture.
Put the sliced pineapple into the pan to soak up some syrup then griddle each side for 2 minutes, basting with the remaining syrup.
Next to this, add the crumble mixture onto the griddle and cook for 1 minute turning over with a spatula.
Serve on a plate with a few mint leaves.

Roasted bananas with chocolate

Bananes rôties au chocolat

4 bananes bio
Le jus d'un citron vert
150 g de chocolat noir
2 c. à s. de crème fraîche
10 cl de lait
2 c. à s. de graines de sésame

4 organic bananas
The juice from 1 lime
150g of dark chocolate
2 tablespoons of fresh cream
10cl of milk
2 tablespoons of sesame seeds

Préchauffez la plancha.
Faites-y cuire les bananes épluchées, 5 min par face.
Pendant ce temps, cassez les carrés de chocolat dans une casserole à fond épais, directement posée sur la plancha. Ajoutez le lait, la crème et mélangez pour obtenir une sauce au chocolat.
Retirez les bananes et la sauce du feu, puis ouvrez les bananes avec un couteau. Arrosez-les d'un filet de jus de citron et nappez-les de sauce et de graines de sésame.

Preheat the griddle.
Cook the peeled bananas on the griddle for 5 minutes each side.
During which time, breakup the chocolate into a heavy bottomed pan placed directly onto the griddle. Add the milk and the cream, mixing to obtain a chocolate sauce.
Remove the bananas and the sauce from the heat, then open the bananas with a knife. Drizzle over some of the lime juice and coat with the sauce and a sprinkle of sesame seeds.

Coconut and apricot blancmange

Blanc-manger coco-abricot

50 cl de lait de coco
20 cl de lait concentré non sucré
40 g de sucre en poudre
1 sachet de sucre vanillé
1 boîte d'abricots au sirop
4 c. à c. de noix de coco râpée
2 sachets de 2 g d'agar-agar

50cl of coconut milk
20cl of unsweetened concentrated milk
40g of granulated sugar
1 sachet of vanilla sugar
1 tin of apricots in syrup
4 teaspoons of grated coconut
2 x 2g sachets of agar-agar

Versez le lait de coco, le lait concentré, les sucres et le sirop d'abricot dans une casserole. Ajoutez l'agar-agar, portez à ébullition en fouettant puis éteignez le feu.
Hachez les ¾ des abricots et déposez-les au fond de 4 grands verres.
Versez la préparation puis laissez refroidir 2 h au réfrigérateur.
Quand le blanc-manger est bien ferme, disposez dessus quelques moitiés d'abricot et saupoudrez de noix de coco râpée.

Pour the coconut milk into a pan, along with the concentrated milk, both types of sugar and the syrup from the apricots. Add the agar-agar, bring to the boil whisking all the while, then turn off the heat.
Chop ¾ of the apricots and arrange them into 4 large dessert glasses.
Spoon in the mixture and leave to cool in the fridge for 2 hours.
Once the blancmange is firm, position a few halved apricots on the top with a sprinkling of grated coconut.

Quick and easy chocolate cake

Gâteau au chocolat express

3 œufs
140 g de sucre en poudre
250 g de chocolat noir
150 g de beurre demi-sel
60 g de farine

3 eggs
140g of granulated sugar
250g of dark chocolate
150g of lightly salted butter
60g of flour

Préchauffez le four aux ⅔ de sa puissance.
Fouettez le sucre et les œufs dans un saladier.
Faites fondre les carrés de chocolat et le beurre dans une casserole au bain-marie.
Ajoutez la farine tamisée et versez le tout dans le saladier.
Mélangez bien puis versez dans un moule à manqué recouvert de papier cuisson ou un moule en silicone.
Enfournez et laissez cuire 20 à 25 min.

Preheat the oven on a medium-high heat.
In a bowl, whisk together the sugar and the eggs.
Gently melt the dark chocolate and the butter in a bain-marie.
Add the sifted flour, then pour the whole thing into a large bowl.
Mix well then pour into a cake tin covered with baking paper, or into a silicone cake mould.
Bake in the oven for 20 to 25 minutes.

S
SW
210
240
W
300
NW

Custard tart with almond milk

Flan pâtissier au lait d'amande

15 | 40 | 4

3 œufs
1 pâte brisée
1 litre de lait d'amande
160 g de sucre en poudre
10 g de beurre
100 g de fécule de maïs
5 cl d'eau de fleur d'oranger

3 eggs
1 readymade shortcrust pastry
1 litre of almond milk
160g of granulated sugar
10g of butter
100g of cornflour
5cl of orange flower water

Étalez la pâte dans un moule beurré et fariné.
Battez les œufs et la fécule de maïs avec 10 cl de lait d'amande et l'eau de fleur d'oranger.
Dans une casserole, portez 90 cl de lait d'amande à ébullition avec le sucre.
Versez le lait bouillant sur la préparation aux œufs tout en fouettant.
Remettez la préparation dans la casserole et laissez-la légèrement épaissir à feu très doux sans cesser de remuer.
Versez la préparation sur la pâte.
Enfournez et laissez cuire 40 minutes environ à feu moyen.
Laissez le flan refroidir avant de le démouler.

Line a greased and floured flan dish with the pastry.
Beat the eggs together with the cornflour, 10cl of the almond milk and the orange flower water.
In a pan, bring to the boil 90cl of the almond milk and sugar.
Whisk the boiling milk into the egg mixture.
Return the mixture to the pan and allow it to thicken slightly on a very low heat, stirring constantly.
Pour this mixture onto the pastry.
Bake in a medium oven for 40 minutes.
Allow the tart to cool before removing it from the dish.

Prune clafoutis

Clafoutis aux pruneaux

300 g de pruneaux dénoyautés
3 œufs
50 g de poudre d'amandes
45 g de fécule de maïs
120 g de sucre semoule
180 g de crème fraîche
20 cl de lait frais entier
1 sachet de sucre vanillé
20 g de beurre

300g of pitted prunes
3 eggs
50g of ground almonds
45g of cornflour
120g of caster sugar
180g of fresh cream
20cl of fresh whole milk
1 sachet of vanilla sugar
20g of butter

Préchauffez le four à feu moyen à fort.
Mélangez les œufs et le sucre dans un saladier, ajoutez 40 g de poudre d'amandes et la fécule de maïs, avec la moitié du lait et le sucre vanillé.
Mélangez bien puis incorporez le restant de lait et la crème fraîche.
Beurrez généreusement un plat à gratin.
Saupoudrez par-dessus 10 g de poudre d'amandes.
Disposez les pruneaux et versez uniformément la pâte.
Enfournez 40 min.
Laissez refroidir et servez directement le plat sur la table du carré

Preheat the oven on a medium to hot setting.
Mix together the eggs and the sugar in a large bowl, add 40g of the ground almonds and the cornflour, with half of the milk and the vanilla sugar.
Mix well then incorporate the rest of the milk and the fresh cream.
Generously grease the oven dish with butter. Sprinkle with 10g of the ground almonds.
Arrange the prunes into it and evenly pour the mixture over the top.
Bake for 40 minutes.
Allow this to cool, then serve the dish directly onto the table.

French toast and apple bake

Terrine de pain perdu aux pommes

4 œufs
3 pommes
50 cl de lait
150 g de sucre
1 c. à c. de cannelle
2 c. à s. de raisins secs
5 cl de rhum (facultatif)

500g of bread
4 eggs
3 apples
50cl of milk
150g of sugar
1 teaspoon of cinnamon
2 tablespoons of raisins
5cl of rum (optional)

Fouettez le sucre avec les œufs, le lait et le rhum dans un grand plat.
Ajoutez la cannelle et les raisins secs.
Faites tremper le pain 10 min.
Coupez les pommes en fines rondelles.
Chemisez un moule à cake de papier cuisson en le laissant déborder.
Tapissez-le fond de tranches de pain et de pommes. Tassez bien en versant un peu de préparation aux œufs.
Continuez jusqu'en haut du moule, repliez le papier cuisson sur le dessus et enfournez 30 min à feu moyen à fort.
Dépliez le papier et laissez cuire encore 15 min.
Laissez tiédir avant de le démouler.

In a large dish, whisk together the eggs, the sugar, the milk and rum.
Add the raisins and the cinnamon, and soak the bread for 10 minutes.
Thinly slice the apples into rounds.
Line a cake tin with baking paper, allowing it to overhang.
Place slices of bread and apple, pressing down a little. Pour over some of the egg mixture.
Continue this same operation until you reach the top of the tin, fold in the hanging over baking paper and cook for 30 minutes in a medium to high oven.
Unfold the paper and allow it to cook a further 15 minutes.
Once cooled off, remove from the tin.

Crepes with salted butter caramel

Crêpes au caramel beurre salé

250 g de farine
85 g de beurre demi-sel
50 cl de lait
120 g de sucre de canne
3 œufs
Le jus d'un citron
10 cl de crème liquide

250g of flour
85g of salted butter
50cl of milk
120g of cane sugar
3 eggs
The juice from 1 lemon
10cl of liquid cream

Faites fondre 100 g de sucre et le jus du citron jusqu'à obtenir un caramel doré. Retirez-le du feu et ajoutez 50 g de beurre. Remuez pour l'incorporer puis versez la crème.
Mélangez et laissez refroidir à température ambiante.
Versez la farine et 15 g de sucre dans un saladier. Cassez les œufs, fouettez-les, versez-y 5 cl de lait et mélangez. Ajoutez le lait restant et 25 g de beurre fondu en fouettant. Puis laissez reposer 30 min. Faites-cuire les crêpes, en les retournant, 3 min dans une crêpière beurrée, puis servez-les avec le caramel de beurre salé.

Gently heat 100g of sugar with the lemon juice to obtain a golden caramel. Remove from the heat and add 50g of butter. Mix well then pour in the cream. Mix again then allow it to cool at room temperature.
Put the flour and 15g of sugar into a mixing bowl. Break in the eggs and whisk, add 5cl of milk and mix through. Add the rest of the milk and 25g of melted butter while whisking. Then leave to one side for 30 minutes. Cook the crepes on both sides, 3 minutes in a crepe griddle, then serve with the salted butter caramel.

Oven baked country loaf

Pain de campagne au four

500 g de farine T45
10 g de levure boulangère
1 c. à c. de sucre
2 c. à c. de sel
33 cl d'eau

500g of soft 450 flour
10g of baker's yeast
1 teaspoon of sugar
2 teaspoons of salt
33cl of water

Mélangez l'eau tiédie et le sucre dans un bol. Ajoutez la levure et laissez reposer 10 minutes.
Mettez la farine dans une jatte et faites un puits au centre.
Versez le mélange eau-levure et pétrissez la pâte 10 min avec de la farine sur vos mains. Ajoutez le sel et pétrissez encore 10 min.
Recouvrez la pâte d'un torchon et laissez-la lever 1 h.
Quand elle a doublé de volume, pétrissez-la de nouveau rapidement puis formez-la en boule sur une plaque recouverte d'un papier cuisson. Laissez lever 1 h puis scarifiez le pain.
Laissez cuire 40 min à four chaud en plaçant de l'eau dans la lèche-frite.

In a bowl mix together the lukewarm water and the sugar. Add the yeast and leave for 10 minutes.
Put the flour into a bowl and make a well in the centre.
Pour in the water-yeast mixture, and with floured hands knead the dough for 10 minutes. Add the salt and knead for a further 10 minutes.
Cover the dough with a tea-towel and leave it to rise for 1 hour.
Once it has doubled its size, knead it quickly one last time, then shape into a ball on an oven tray lined with baking paper. Leave it to rise for 1 hour then make a few slashes on the top.
Bake for 40 minutes in a hot oven, having placed a roasting dish with water in the bottom of the oven.

Herb and olive oil bread

Pain Provençal

500 de farine T45
10 g de levure boulangère
1 c. à c. de sucre
2 c. à c. de sel
25 cl d'eau
5 cl d'huile d'olive
3 c. à s. d'herbes de Provence

500g of soft 450 flour
10g of baker's yeast
1 teaspoon of sugar
2 teaspoons of salt
25cl of water
5cl of olive oil
3 tablespoons of mixed herbs

Versez l'eau tiédie et le sucre dans un bol. Ajoutez la levure et laissez reposer 10 min.
Mettez la farine dans une jatte et formez un puits au centre.
Versez-y le mélange eau-levure, l'huile et les herbes, et pétrissez pendant 10 min.
Ajoutez le sel et continuez de pétrir.
Recouvrez la pâte d'un torchon et laissez-la lever 1 h.
Pétrissez-la de nouveau rapidement et séparez-la en 2 boules sur une plaque antiadhésive.
Laissez les pains lever 30 minutes puis scarifiez-les.
Mettez à cuire 40 min à four chaud en plaçant de l'eau dans la lèche-frite.

Mix the sugar with lukewarm water in a bowl. Add the yeast and leave to stand for 10 minutes.
Put the flour into a large bowl and make a well in the centre.
Pour in the water-yeast mixture, the oil and the herbs, knead for 10 minutes.
Add the salt and continue to knead.
Cover with a tea-towel and leave this to rise for 1 hour.
Quickly knead one last time then separate in half, shape into 2 balls on an ovenproof tray.
Leave them to rise for a further 30 minutes, then slash the tops.
Bake in a hot oven for 40 minutes, with a roasting tin of water in the bottom of the oven.

Index

Index

Remerciements de l'auteur et photographe

Merci à la société Eno et plus particulièrement à Christine Thomas pour le prêt de son matériel de cuisson.
Merci encore à mes éditrices : Véronique Chanson, Delphine Depras, ainsi qu'à Isabelle Labarde.
Merci à Christophe Rousseau pour les photos sur son magnifique « Grand soleil ».
Un grand merci à la société Cat&Go pour le prêt d'un catamaran flambant neuf et à la capitainerie du port des Minimes pour le prêt de sa charrette...
Mille mercis à Houriya ma bien-aimée pour son aide, son sourire et pour avoir goûté beaucoup de mes plats...
Encore merci à Isabelle, Antoine, Ben et Annabel pour leur soutien !
À Corinne Hucheloup pour m'avoir tiré le portrait !
Enfin un dernier remerciement à la ville de la Rochelle, ville de marins et de gastronomes que j'adore !

Crédits photographies et illustrations

Toutes les photographies sont de Philippe Asset à l'exception de :
©Adobe Stock : pages 7, 15 (haut gauche), 18-19, 22 (haut gauche), 25 (droite), 168-169.
©Benoît Stichelbaut : pages 110-111, 138-139, 186-187.
©Freepik : pages 58-59, 94-95.
©Julien Chauvet : pages 8 (droite), 12, 15 (haut droite et bas), 22 (bas droite), 25 (gauche).
©Mélanie Chaigneau : pages 8, 11, 21 (droite).

Toutes les illustrations ©Freepik sauf pages 40, 64, 104, 114 : ©Adobe Stock.

Acknowledgements from the Author and Photographer

Thank you to the society Eno, in particular Christine Thomas, for the loan of the cooking equipment.
Thank you again, to my editors: Véronique Chanson, Delphine Depras as well as Isabelle Labarde.
Thanks to Christophe Rousseau for the photographs taken on the magnificent 'Grand Soleil'.
A huge thank you to the society Cat and Go for the loan of a brand-new catamaran, also to the harbour office in Minimes for the loan of a trolley.
Many, many thanks to my wonderful Houriya, for her help and her smile, also for tasting every one of my recipes...
And thanks again to Isabelle, Antoine, Ben and Annabel for their support!
Also, to Corinne Hucheloup for my portrait photograph!
Finally, thank you to the City of La Rochelle, a seafaring and food loving city, that I adore!

Photography and Illustration Acknowledgements

All photographs are by Philippe Asset, except for:
©Adobe Stock: pages 7, 15 (top left), 18-19, 22 (top left), 25 (right), 168-169.
©Benoît Stichelbaut: pages 110-111, 138-139, 186-187.
©Freepik: pages 58-59, 94-95.
©Julien Chauvet: pages 8 (right), 12, 15 (top right and bottom), 22 (bottom right), 25 (left).
©Mélanie Chaigneau: pages 8, 11, 21 (right).

All illustrations ©Freepik except for pages 40, 64, 104, 114: ©Adobe Stock.